中华精神家园

古建涵蕴

人间天宫

非凡造诣的妈祖庙宇

肖东发 主编　秦贝臻 编著

中国出版集团

现代出版社

图书在版编目（CIP）数据

人间天宫：非凡造诣的妈祖庙宇 / 秦贝臻编著. —
北京：现代出版社，2014.5（2019.1重印）
ISBN 978-7-5143-2312-2

Ⅰ. ①人… Ⅱ. ①秦… Ⅲ. ①寺庙－介绍－中国
Ⅳ. ①K928.75

中国版本图书馆CIP数据核字（2014）第085412号

人间天宫：非凡造诣的妈祖庙宇

主　　编：肖东发
作　　者：秦贝臻
责任编辑：王敬一
出版发行：现代出版社
通信地址：北京市定安门外安华里504号
邮政编码：100011
电　　话：010-64267325　64245264（传真）
网　　址：www.1980xd.com
电子邮箱：xiandai@cnpitc.com.cn
印　　刷：三河市华晨印务有限公司
开　　本：710mm×1000mm　1/16
印　　张：10
版　　次：2015年4月第1版　2021年3月第4次印刷
书　　号：ISBN 978-7-5143-2312-2
定　　价：29.80元

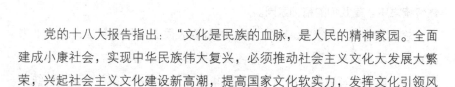

党的十八大报告指出：“文化是民族的血脉，是人民的精神家园。全面建成小康社会，实现中华民族伟大复兴，必须推动社会主义文化大发展大繁荣，兴起社会主义文化建设新高潮，提高国家文化软实力，发挥文化引领风尚、教育人民、服务社会、推动发展的作用。”

我国经过改革开放的历程，推进了民族振兴、国家富强、人民幸福的中国梦，推进了伟大复兴的历史进程。文化是立国之根，实现中国梦也是我国文化实现伟大复兴的过程，并最终体现为文化的发展繁荣。习近平指出，博大精深的中国优秀传统文化是我们在世界文化激荡中站稳脚跟的根基。中华文化源远流长，积淀着中华民族最深层的精神追求，代表着中华民族独特的精神标识，为中华民族生生不息、发展壮大提供了丰厚滋养。我们要认识中华文化的独特创造、价值理念、鲜明特色，增强文化自信和价值自信。

如今，我们正处在改革开放攻坚和经济发展的转型时期，面对世界各国形形色色的文化现象，面对各种眼花缭乱的现代传媒，我们要坚持文化自信，古为今用、洋为中用、推陈出新，有鉴别地加以对待，有扬弃地予以继承，传承和升华中华优秀传统文化，发展中国特色社会主义文化，增强国家文化软实力。

浩浩历史长河，熊熊文明薪火，中华文化源远流长，滚滚黄河、滔滔长江；是最直接的源头，这两大文化浪涛经过千百年冲刷洗礼和不断交流、融合以及沉淀，最终形成了求同存异、兼收并蓄的辉煌灿烂的中华文明，也是世界上唯一绵延不绝而从没中断的古老文化，并始终充满了生机与活力。

中华文化曾是东方文化摇篮，也是推动世界文明不断前行的动力之一。早在500年前，中华文化的四大发明催生了欧洲文艺复兴运动和地理大发现。中国四大发明先后传到西方，对于促进西方工业社会的形成和发展，曾起到了重要作用。

　　中华文化的力量，已经深深熔铸到我们的生命力、创造力和凝聚力中，是我们民族的基因。中华民族的精神，也已深深植根于绵延数千年的优秀文化传统之中，是我们的精神家园。

　　总之，中华文化博大精深，是中国各族人民五千年来创造、传承下来的物质文明和精神文明的总和，其内容包罗万象，浩若星汉，具有很强的文化纵深，蕴含丰富宝藏。我们要实现中华文化伟大复兴，首先要站在传统文化前沿，薪火相传，一脉相承，弘扬和发展五千年来优秀的、光明的、先进的、科学的、文明的和自豪的文化现象，融合古今中外一切文化精华，构建具有中国特色的现代民族文化，向世界和未来展示中华民族的文化力量、文化价值、文化形态与文化风采。

　　为此，在有关专家指导下，我们收集整理了大量古今资料和最新研究成果，特别编撰了本套大型书系。主要包括独具特色的语言文字、浩如烟海的文化典籍、名扬世界的科技工艺、异彩纷呈的文学艺术、充满智慧的中国哲学、完备而深刻的伦理道德、古风古韵的建筑遗存、深具内涵的自然名胜、悠久传承的历史文明，还有各具特色又相互交融的地域文化和民族文化等，充分显示了中华民族的厚重文化底蕴和强大民族凝聚力，具有极强的系统性、广博性和规模性。

　　本套书系的特点是全景展现，纵横捭阖，内容采取讲故事的方式进行叙述，语言通俗，明白晓畅，图文并茂，形象直观，古风古韵，格调高雅，具有很强的可读性、欣赏性、知识性和延伸性，能够让广大读者全面接触和感受中国文化的丰富内涵，增强中华儿女民族自尊心和文化自豪感，并能很好继承和弘扬中国文化，创造未来中国特色的先进民族文化。

青志发

2014年4月18日

海上龙宫

湄洲妈祖庙

　　湄洲妈祖庙，位于福建莆田的湄洲岛。湄洲祖庙是对湄洲妈祖庙的尊称。湄洲妈祖庙建于987年的宋代，供奉的是妈祖林默。

　　湄洲妈祖庙是妈祖林默升天的那年，人们为了纪念她而建，是最早的妈祖庙。因此，它又被称为全世界2000多座妈祖庙的祖庙，是全世界妈祖信众心中的圣地。

　　湄洲妈祖庙由正殿和偏殿等五组建筑群构成，有16座殿堂楼阁，99间斋舍客房，画梁雕栋，金碧辉煌，有"海上龙宫"之誉。

菩萨化身妈祖救海上遇难人

在宋朝时，福建有一家姓林的名门望族，这家男主人叫林愿，在宋初官任都巡检，他的父亲林孚曾经是福建的总管。

传说当时林愿的妻子王氏，在梦里见到了观音菩萨，观音菩萨给了她一个仙果，她吞食仙果后就怀孕了。

■湄洲妈祖庙牌坊

■ 湄洲妈祖庙新殿
大牌坊

960年，就是宋太祖建隆元年的三月二十三，在王氏即将分娩的时候，福建莆田县城郭西南的壶公山峰上空忽然射出一道霞光，好像千万闪电在壶公山的峰顶上闪烁，直向林愿的屋院中射来。

在当时，林愿正靠在院中的窗棂边坐着，忽见一道奇异的彩光，照亮了整个客厅，空气中充满了芬芳的异香。观音菩萨从彩光中出现了，林愿急忙跪在地上，连连对着那道彩光的方向膜拜。

观音菩萨慈祥地对林愿说："你即将出生的这个女儿比男孩还尊贵，这是菩萨的好意，你要好好地把她养大，行菩萨之道。"

说完，观音菩萨便隐身而去，满室的祥光也随之消失了。林愿慢慢站起来，他思索着菩萨说的话到底是什么意思呢？

这时，稳婆跑来对林愿说："老爷！恭喜您，夫人生了个千金，又白又胖，可是她就是不哭啊！"

观音菩萨 又作观世音菩萨、观自在菩萨、光世音菩萨等。他相貌端庄慈祥，经常手持净瓶杨柳，具有无量的智慧和神通，大慈大悲，普救人间疾苦。当人们遇到灾难时，只要念其名号，便前往救度，所以又称观世音。

■ 湄洲妈祖庙建筑

道士 信奉道教教义并修习道术的教徒的通称。道士作为道教文化的传播者，又以各种带有神秘色彩的方式，布道传教，为其宗教信仰尽职尽力，从而在社会生活中，也扮演着引人注目的角色。道士之称始于汉朝，当时意同方士。在道教典籍中，男道士也称乾道，女道士则相应地称坤道。黄冠专指男道士时，女道士则相应地称为女冠。

稳婆走近林愿的跟前继续说："这女孩一定是个贵命，刚生下来，她就睁开了眼睛，并且不像别的孩子一样哭闹，我打了几下，她还是不哭，她长大后一定是个有福之人！"

林愿听后，思索了一下，说："她生下来就不哭吗？那么就给她取名为默娘吧！"

默娘渐渐长大，非常聪明伶俐。8岁时家人就送她到私塾读书，老师教的文章她很快就能明白，并且能融会贯通。默娘还笃信神佛，她每日都焚香念经，早晚不懈。

在默娘13岁时候，有一位老道士名叫玄通，来她家做客，看到默娘的时候是眼前一亮，便对默娘说："你有仙根，这本《玄微秘法》你拿去修炼，可以渡入正果！"

默娘拿到经书之后便依法修炼，她均能领悟要旨。随着修炼时间加长，默娘渐渐有了预知能力，她能够提前预知天气的变换。

有一年秋天，正是捕鱼季节，渔民们都要出海捕鱼了。

默娘听说后，她闭目冥想了一下，又向外面正南方的山尖上看了看，她对父亲林愿说："父亲，今天有台风，不能出海捕鱼！"

默娘的父亲林愿，当时担任维持海上治安的巡官，负责防止海盗和保护渔民的安全，所以当渔民们出海捕鱼时，林愿就会率领巡船护卫渔民。

林愿听默娘这样说，便走下台阶向渔民们恳切地说："今天要刮飓风，南山头上不是起了钩钩云吗！大家还是不要出海了，万一大家有了不幸，我怎么对得起你们呢？"

可是渔民们为生活所迫，无论如何不听劝告，一

是我国古代社会一种开设于家庭、宗族或乡村内部的民间教育机构。它是旧时私人所办的学校，以儒家思想为中心，它是私学的重要组成部分。清代地方儒学有名无实，青少年真正读书受教育的场所，除义学外，一般都在地方或私人所办的学塾里。因此清代学塾发达，遍布城乡。

海上龙宫

湄洲妈祖庙

■ 湄洲妈祖庙石刻

定要下海捕鱼，林愿只好点头答应。默娘再次劝告父亲说："父亲，今天一定有台风，你们去不得啊！"

林愿对女儿说："他们都要下海，我受国家的俸禄，职责所在，怎能不以性命保护他们呢？"

默娘知道父亲脾气，便不再劝解了。当林愿率领渔民们出发时，她便对渔民们说："倘若今天的天气有了变化，你们迷失了方向，请一定观看火光，哪里有火光，哪里就是岸边。"

渔民们都下海之后，不到半天台风就来了。狂暴的风雨袭击着整个莆田，天灰蒙蒙的。在海上的渔民被狂风吹袭着，怎么也看不到海岸。渔船被浪涛激荡着，被风雨吹打着，忽高忽低，好像跌入深渊似的失去了驾驶力。

渔民们狂喊了起来，他们呼救的声音和着狂风暴雨与浪涛传到了岸上。默娘听到人们的喊声，急忙从房中奔到院中，她对女仆们喊道："快把后房的柴垛点起来，他们一定迷失了方向！"

女仆说："姑娘，我们怎能烧自己的房子呢？"

■ 湄洲妈祖庙香炉

　　默娘说："我们不烧自己的房子，谁烧自己的房子呢？我们要拯救数百迷失了方向的渔民啊！只有牺牲自己的房子，点燃房屋后，他们才知道往何处去呀！"

　　女仆还是不肯照着做，默娘只得自己动手。她跑到后院，用一堆干柴把火点起来了。火光在雨水浇灌下冒着浓烈的黑烟，在狂风中火苗摇摆着冲向了天际，火势狂烈，火声呼呼作响。

　　在狂风暴雨和黑暗中的渔民，幸而看到了火光，他们获得了一线生机，大家高喊着说："那边有火光，是默娘给我们点燃的，火光处就是岸边，我们向火光处驶，向火光处划！"

　　因为这火光，大家在苦难中获得了光明，重新充满了希望，于是就奋力划起船来。最终，大家回到了岸上，数百名渔民终于得救了。

　　大家都很感激默娘，也很惭愧当时没有听默娘的劝阻就强行出海了，渔民纷纷说以后一定要听默娘的劝阻了。

　　转眼间，默娘16岁了。有一天，默娘与一群女孩对着井水照影子，忽然，大家看到一位神人捧着一个道符从井中上来，后面还有仙班簇拥着。

■ 湄洲妈祖庙妈祖
金身像

道符 又称神符或
天符。通常用竹
板或金属制成，
上面刻着文字，
剖分为两半，是
法力的象征，具
有绝对服从的意
义。道教认为，
神仙世界的最高
统治者可以颁布
道符赐予某人，
得到道符的人便
有权利召勃鬼神
和镇压精怪。因
此，佩带符的
法师具有崇高不
可抗拒的法力。

女伴们都吓得跑开了，只有默
娘没有离开。神人微笑着把道符授
给了默娘。默娘得到道符后，不一
会儿便领悟了其中奥秘，感觉有了
无形的法力。

从此以后，默娘虽身在家中，
却能时常神游万方和预测吉凶祸福
了。后来，她能为人治病消灾、逐
渐还能驾云飞渡大海和拯救海难，
远近的人们都很感激她，称她为
"神姑"或"龙女"。

有一年秋天，默娘的父亲和兄
长驾舟渡海北上了。他们出发不多久，正在室中精心
织布的默娘忽然变了脸色，她伏在织布机上闭起眼
睛，又伸出双手紧紧抓住梭，用力地按住杼，两脚紧
紧地踏着机轴，好像在拼尽全力地做什么。

默娘的母亲发觉后十分惊恐，急忙去推她，想要
把她叫醒。这一推，默娘失手将梭掉在了地上。默娘
睁开眼睛，顿足高声哭了起来，她喊道："父亲得救
了，哥哥坠海死了！"

默娘的母亲听完十分惊慌，连忙差人打听消息。
不一会儿便有消息回报，说默娘的父亲和兄弟出海没
多久就遇上了飓风，她父亲的船在怒涛中仓皇失措，
好几次都几乎翻船，但是好像有人稳住了船舵一般，
慢慢靠近了她兄长所在的船，但当快要靠近的时候，
默娘兄长的船就沉没了。

原来，妈祖闭着眼时，脚踏着的是她父亲的船，而手抓的是她兄长的船舵。母亲把默娘叫醒，梭子掉在了地上，默娘兄长的船就倾覆了。父亲脱险返航，而她的兄长却被汹涌的浪涛吞没了。

到了默娘21岁那年，莆田地区大旱，河流干涸，田地龟裂，连饮水也有困难，人们困苦万分。当时的默娘，已是无人不晓的能呼风唤雨的神女了，人们都说，只有神女才能化解这场灾害啊！

莆田县令无计可施，为解全县旱灾，遂向默娘求救。县令不惜屈尊，冒着烈火骄阳，亲自登门，诚恳谦恭，请默娘为全县百姓祈雨。

默娘欣然应允了，就设坛祈雨。祈雨结束后，默娘告诉县令说三日后将会普降喜雨。日子一天天过去了，眼看着到了默娘所说的日子，却依然烈日如火。

县令 我国古代的一种官名，起源于战国。战国时三晋和秦已称县的行政长官为令。秦商鞅变法后，并诸小乡为县，设置令及职责。县令本来直隶于国君，在战国末年，郡县两级制形成后，县就属于郡了，县令就成为郡守的下属了。

■ 湄洲妈祖印

丝竹管弦 "丝"与"竹"是周代"八音"乐器分类法中的两个种类。丝指的是弹弦乐器，竹则指的是竹制吹奏乐器。丝竹乐指的是用竹制吹奏乐器与弦乐器合奏，演奏风格细致，多表现优美抒情、轻快活泼的情趣。丝竹也称管弦，作为一种演出形式，自魏晋以来就有丝竹乐队的组合形式和丝竹乐。

■ 湄洲妈祖庙建筑

就在大家怀疑默娘法力的时候，突然雷声隆隆，电光闪闪。紧接着，暴雨如倾，旱情骤解，天降甘霖，万民欢呼，都称默娘是"通灵神女"。

后来，默娘28岁的时候，在一场海难中牺牲了。但是，在民间传说中，说默娘并不是去世了，而是飞升成仙了。

传说那是在九月初九重阳节的前一天，默娘对家中人说："我心好清净，不愿居于凡尘世界。明天是重阳节，我想去爬山登高，预先和你们告别了啊！"

大家都以为默娘要登高远眺，不知她将飞升成仙。第二天早上，默娘焚香念经后，她对姐姐们说："今天我要登山远游，实现我的心愿，但道路难走而且遥远，你们不必和我同行。"

默娘告别姐姐们，直上山峰的最高处。传说她到了山顶，忽见山顶浓云四合，一道白气冲上天空。

人们仿佛听见天空有丝竹管弦奏起的仙乐声响彻云天，只见默娘乘着长风、驾着祥云，翱翔于苍天皎日间，若隐若现。

▣ 湄洲妈祖庙铜器纹饰

忽然，彩云将默娘围了起来，她就不见了。家人们这才知道，默娘飞升成仙了。默娘升天后，人们为了纪念她，就在湄洲岛建庙祭祀她，这庙宇就是最早的妈祖庙。

据有关文献记载，当时的妈祖庙仅仅是一个用几根椽木搭建的小庙。但是，来妈祖庙烧香祭祀和祈求出海平安的人依然很多。

默娘升天后，关于她的传说从未间断过，相传每次出海的渔民遇到海难，都会看到默娘显现帮助他们，因此，人们十分感激默娘，都前来祭祀她。

阅读链接

又有传说，妈祖原是观音菩萨身边的一个龙女。她看见东海四处都有海妖兴风作浪，渔民们深受其害，便祈求观世音让她下凡为民除害。

观音菩萨见龙女有这样的慈善之心，就点头答应了，只说了一句："二八为期，去吧！"于是龙女便下凡投胎在湄洲林家了。

在古代，二八就是十六的意思。在默娘16岁时，她想起观音菩萨给她的期限已到，她便十分苦恼，因为她还有很多事情没做。后来一位道士对她说："二八为期，可做二解，一解为十六，二解即把二八拆开来念，不就是二十八吗？"

默娘听了便安心地留了下来，继续为乡亲们除恶驱邪，直到她28岁才告别亲人，并羽化升天了。

妈祖显灵而使祖庙昌盛

湄洲妈祖庙建成后，据说妈祖经常显灵，乡亲们时常能看到妈祖站立在山岩水洞之旁，盘坐于彩云雾霭之间。还传说，每当人们遇到困难的时候只要喊："妈祖保佑！"妈祖就会闻声而至，使人们逢凶化吉、遇难呈祥。

后来，妈祖庙又经过了多次扩建和修葺，到了1030年左右，祖庙

湄洲妈祖庙正殿匾额

■ 湄洲妈祖庙顺济殿

已经具有了一定规模，由正殿、寝殿等组成，到妈祖庙朝拜的人络绎不绝。

到了1123年的宋代，妈祖信仰由民间传到了朝廷，这是因为当时给事中路允迪奉旨出使高丽，吊唁高丽国王的途中，他们的船队在航行途中得到了妈祖显灵庇佑。

当时路允迪的船队在航行途中遇到飓风，他们8艘船转眼间沉没了7艘，只剩下路允迪所乘的那一艘，并且这艘船也危在旦夕。路允迪船的桅杆上红光四射，刹那间，仿佛有一把大伞挡住了狂涛巨浪。

红光过后，风浪顿息，船员们转危为安。路允迪向部下打听是何方神灵救助，当时船上的一名船员是莆田人，名李振。他告知路允迪这个是湄洲神女妈祖。路允迪回朝复命时，便将途中的奇遇上奏给了宋徽宗。

路允迪 字公弼，宋朝官员。官至给事中，1123年，他奉诏出使高丽，搭船至东海，遇到狂风，八舟溺七，只有允迪所乘之船安然以济，船员李振说这是湄州女神显灵。

显灵 指在信仰中，神灵对个人愿望和请求的应答，或神灵的短暂显现。道教中，道士们会通过道场向特定的神灵传达百姓的愿望，对于愿望的实现，也称为显灵。

徽宗皇帝当即下诏赐妈祖庙"顺济"庙额，封妈祖为"顺济夫人"。殿内祀四海龙王，中间置"妈祖巡海图"巨型插屏。这是妈祖显灵事迹第一次由民间传到朝廷，并且得到朝廷的确认和褒封。

到了元代，湄洲妈祖祖庙得到进一步的扩建。在元代诗人洪希文的《题圣墩妃宫》诗中就有对当时湄洲妈祖庙盛况的描写。诗道：

■ 湄洲妈祖庙顺济
殿内供奉的西海龙王

漕运 是我国历史上一项重要的经济制度。在我国古代历代封建王朝，都会将征自田赋的部分粮食运往京师。这种粮食称漕粮，漕粮的运输称漕运，方式有河运、水陆递运和海运三种。

我昔缆舟谒江干，曾觏帝子琼华颜。

云涛激射雷电泋，殿阁碑兀鱼龙间。

此洲山岛谁所构，面势轩豁规层澜。

壶山岫秀倒影入，乾坤摆脱呈倪端。

粉墙丹柱辉掩映，华表耸突过飞峦。

湘君小水幻灵骨，虞帝迹远何由攀。

银楼玉阁足官府，忠孝许人巫咸班。

帝怜退跡杂鲸鳄，柄受水府司人寰。

五云殿邃严侍卫，仙衣法驾朝天关。

危樯出火海浪破，神鬼役使忘险艰。

灵旗甃挐广乐振，长风万里翔虬鸾。

平洲远屿天所划，古庙不独夸黄湾。

至人何心恋桑梓，如水在地行曲盘。

升阶再拜荐脯藻，不以菲薄羞儒酸。

日谈书史得少瑕，石桥潜渡凭雕栏。

诗成不觉肝胆醒，松桧翁桧鸣玦环。

骑鲸散发出长啸，追逐缥缈乘风还。

祥云 从周代中晚期开始，逐渐在楚地形成了以云纹特别是动物和云纹结合的变体云纹为主的装饰风格。这股风气到秦汉时已是弥漫全国，达到了极盛。云气神奇美妙，发人遐想，其形态的变幻有超凡的魅力，云天相隔，令人寄思无限。所以，在古人看来，云是吉祥和高升的象征，是圣天的造物。

海上龙宫

湄洲妈祖庙

　　其中的"粉墙丹柱辉掩映，华表耸突过飞峦"，讲的就是当时湄洲妈祖庙的盛况。

　　到了明代，妈祖显灵的事迹也不曾间断。当时，我国北方的粮食使用依然在极大程度上依赖南方，所以漕运仍是朝廷的重要工作。

　　有一年春天，漕运官船满载粮食出发了。刚出发时水碧天晴，粮官们凭栏酌酒，非常畅快。可天气说变就变。突然间天就阴沉了下来，紧接着狂风暴雨席卷而来，船队在暴风雨中迷失了方向。

　　由于漕运所动用的船队非常庞大，几乎每次船只都有上百艘，随行人员都过万人，若出了意外，损失便是十分惨重。

　　传说在这危急的关头，全体官兵想起了经常救助海难的妈祖，于是都狂呼："妈祖救我！"

　　就在这时候，祥云瑞气充满了天空，一个红衣女子在祥云中显现，紧接着便风平浪息了。漕船得到了平安，众官兵都说是妈祖显灵了，朝天跪拜。

■ 湄洲妈祖庙妈祖雕像

■ 湄洲妈祖庙山门

晨钟暮鼓 指寺庙中早晚报时的钟鼓声。古人划一昼夜为十二时辰，到一定时辰便击鼓报时，以便让民众知晓。为了使钟声传播更远，除了铜钟越铸越大之外，还建较高的钟楼，与鼓楼相对，朝来撞钟，夜来击鼓。

后来，漕运的官员抵达朝廷后，将这件事启奏给了皇帝，明太祖听后下旨封妈祖为"昭孝纯正孚济感应圣妃"。

在明代的时候，妈祖曾多次显灵，并且湄洲祖庙在这一时期也得到了扩建。在1374年，泉州街指挥周坐主持重建了寝殿，又建山门、钟鼓楼和香亭。

"山门"是湄洲祖庙建筑的第一道门。山门呈皇城阙状，这是因为妈祖被民间尊为天上圣母，是至高无上的女神。山门的建筑风格是歇山顶式的城楼，顶上的垛口像长城，最顶部有两条跃跃欲飞的龙。

在我国古代，皇帝是真龙天子。狮子是我国的吉祥物，山门两旁的石狮，这一组"龙腾狮跃"，更是增添了几分喜庆气氛。

钟鼓楼是所有妈祖庙的必配建筑，东西对峙。平时，晨钟暮鼓，昭示风调雨顺，物阜民丰。而每逢节庆祭祀活动，以鸣鼓三通开始，以敲钟表示礼终。每当那个时候，钟鼓和鸣，声震海陬，庄严肃穆，蔚为壮观。

在郑和下西洋时，因妈祖庇佑有功，奉旨遣官修整祠庙。在1441年，郑和最后一次下西洋之前，亲自与地方官员备办木石，再次修整祖庙。

传说郑和下西洋时曾亲眼看到妈祖显灵。郑和第一次下西洋是前往暹罗等国。船队云帆高悬，浩浩荡荡。当船至广州大星洋时，突然大风骤起，洪涛如山，上下颠簸，船之将覆。

在这紧急关头，船员请求郑和向天妃妈祖祈祷，郑和祷告说："郑和奉命出使外邦，忽遭风涛危险，身固不足惜，恐无以报天子，军士生命，系于一发，望神妃救之。"

据说郑和祷毕，忽闻鼓笛之声，一阵香风，宛见天妃飒飒飘来，立于云端，旋即风平浪静，转危为安。后来郑和的船队在经过三佛斋时，又遇海寇，也得天妃神助，剿灭海寇。

郑和回国后，立即奏明皇帝，于是，朝廷封妈祖为"护国庇民妙

■ 湄洲妈祖庙景观

光明灯 是供奉神明的一种灯具，体积小，数量多，给信徒使用，并尽可能地延长其燃烧时间，在庙宇中，经常都有光明灯，也叫平安灯。民间习俗上，如果哪年生肖与自己生肖相同，就是所谓的犯太岁，如要化解则必须到庙中点一盏光明灯，时间为一年。

人间天宫

非凡造诣的妈祖庙宇

灵昭应弘仁普济天妃"。

湄洲祖庙经过历朝历代的重修重建，更加金碧辉煌、巍峨耸立。

在湄洲祖庙正殿的神龛内外各供奉一尊妈祖，这是因为湄洲祖庙是世界上所有妈祖分灵庙的祖庙，很多分灵庙都要从祖庙分灵妈祖神像，而神龛外的这尊妈祖就是要先供奉过一段时间的香火，然后由分灵庙虔诚请回去奉祀的妈祖神像。

神龛两旁是妈祖光明灯，信众们可以把名字与心愿写进灯里，祈求妈祖保佑合家平安，心想事成。妈祖精神的真谛就是慈爱为怀和普济苍生，所以人们相信妈祖一定会保佑他们。

寝殿也就是祖庙天后宫，是世界妈祖信众心目中最神圣的殿堂。进寝殿之前的石柱上面有一副奇特的对联，是明代莆田的一大才子戴大宾所作。联道：

■ 湄洲妈祖庙寝殿
天后宫

■ 郑和（1371—1433），原名马三保。出身云南咸阳世家，明朝伟大的航海家。他深得明成祖朱棣的器重。1404年，明成祖朱棣赐姓马三保"郑"，改名为和。从此，他便改名为郑和。任内官监太监，官至四品，地位仅次于司礼监。在1405年至1433年间，郑和七下西洋，完成了人类历史上最伟大的壮举。

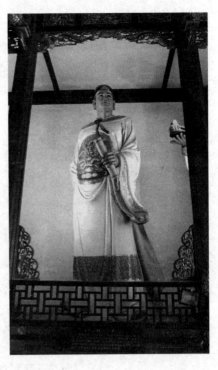

齐斋齐斋齐齐斋齐齐斋戒；

朝潮朝潮朝朝潮朝朝潮音。

上联的意思是朝拜妈祖的同时，也要学习妈祖慈爱博大、乐于助人的精神，一起"戒"掉不良的行为及私心杂念。下联所蕴含的意思是在学习妈祖精神上，也要像连绵不断的海水一样，每天潮起潮落，持之以恒。

寝殿内左右两边都绘有壁画。右边的壁画记述的是明代著名航海家郑和下西洋的故事。

郑和于1405年至1433年七下西洋，每艘船上都供有妈祖香火，并且他每次下西洋之前，都要到妈祖庙上香，祈求妈祖保佑。

左边壁画所记述的是清朝施琅将军收复台湾的故事。在施琅将军率领收复台湾的军队来到莆田的时候遇到了干旱，后来施琅向妈祖祈求，希望得到妈祖的庇佑找到水源，收复台湾。

后来施琅便从枯井里挖到了水源，解决了大军的用水难题，最终顺利收复了台湾。

寝殿神龛正中奉祀的是"妈祖金身"。在妈祖金

施琅（1621—1696），字尊侯，号琢公，明末清初军事家。原为郑芝龙和郑成功的部将，降清后被任命为清军同安副将，不久又被提升为同安总兵，福建水师提督，先后率师驻守同安，海澄，厦门，1683年率军渡海统一台湾。

雍正 清世宗爱新觉罗·胤禛（1678—1735）的年号。胤禛是清朝第五位皇帝，入关后第三位皇帝，清圣祖康熙的第四子。1722年至1735年在位，庙号清世宗。雍正在位时期，平定了罗卜藏丹津叛乱，设置军机处加强皇权，实行"改土归流""火耗归公"与"打击贪腐"等一系列铁腕改革政策，对康乾盛世的连续具有关键性作用。

身的两边各有一尊执扇的侍女塑像，她们分别是掌管香花和侍候妈祖的玉女，叫司花和司香。

在殿堂的两边还塑有"五风十雨"塑像，也就是掌管风雨的神灵。还有"左右相"，就是掌管文武大事的官员。

两边廊庑供奉的则是"五湖""四海"和"九河"共18员部将，就是所谓的"水阙仙班"神像。站立门旁的神像是为妈祖服务的，而神座上跪着的小神像是妈祖生前收伏的高里鬼。

相传妈祖在世时，有一个叫高里的地方出了一个妖怪，当地百姓深受其害。于是百姓们前去求妈祖医治，妈祖给求治者一符咒，叮嘱百姓回去后，将符咒贴于病人床头上。

妖怪知符咒法力巨大，提前变成一只鸟逃跑了。妈祖心道："怪物不能留此为患乡里。"于是去追寻它。到了一棵树下，看到树上有一只小鸟，鸟嘴还喷

■ 湄洲妈祖庙寝殿区额"神昭海表"

湄洲妈祖庙寝殿内妈祖金身坐像

出一团黑气。妈祖看出这便是那妖怪，用符水喷洒小鸟，小鸟落地变成一撮枯发，妈祖又用火烧枯发，小鬼才现出原形，叩头请妈祖手下留情。于是妈祖将它收在了台下服役。

寝殿里悬挂的匾额"神昭海表"，是清代雍正皇帝在1726年御笔亲书的。

阅读链接

妈祖金身又称"巡天妈祖"，1997年在巡游台湾100天，巡游了19个县市，驻跸35个宫庙，行程万里，掀起了两岸民间信仰交流的最高潮。

妈祖金身在台湾每巡游一处，当地便万人空巷。人们称湄洲妈祖巡台是"千年走一回"，是"世纪之旅"。

湄洲妈祖庙作为祖庙，每天来朝拜的香客非常多。为了香客们在妈祖金身出巡时也能朝拜，所以在妈祖金身背后，还供奉着一尊镇殿妈祖。

重建后的祖庙如海上龙宫

　　1683年，清朝闽浙总督姚启圣奉旨赴台湾颁布第一道朝廷诏书，但是因为风不顺，他估计无法按时到达台湾，这样就是欺君大罪了啊！烦恼的姚启圣亲自来到妈祖庙祈祷，希望妈祖能够帮助他顺利到达台湾。

■ 湄洲妈祖庙太子殿

■ 姚启圣（1624—1683），字熙之、忧庵。浙江绍兴马山姚家埭人。他是清代康熙年间的杰出政治家，收复台湾的决定性人物之一。他曾担任福建总督，当政期间以执法严明而著称，在收复台湾战役中功勋卓著。姚启圣性情爽朗，也颇关心故乡建设，曾修郡学校及三江闸等。

果然，姚启圣起航之后非常顺利，按时到达了台湾。

姚启圣还朝复命后，为了答谢妈祖，就重修了妈祖庙，并把重修后的朝天阁改名为正殿。

自从姚启圣重建了湄洲妈祖庙以后，便屡建奇功，后来便晋升为太子太保和兵部尚书，人称"太子公"。所以，后来人们又将姚启圣重修的正殿称为"太子殿"。妈祖庙重修完成后，还剩下许多杉木和石料，于是姚启圣又在山门旁盖了一座庙宇，但一时又不知道这庙宇该叫什么名字。

姚启圣想，妈祖贵为天后，虽然手下有"千里眼"和"顺风耳"两将军，但还少个手下总指挥。这座新盖的庙就叫中军庙吧！可是这位中军的像该怎么塑呢？

姚启圣一时想不出，便先回去了，临走时向妈祖祷告道："殿已盖好，少个中军，妈祖有灵，请自选。"

没想到姚启圣回家后不久便病死了。这时中军殿的塑像刚好完成，于是庙主便请姚夫人到殿祭祀。姚夫人来到祖庙烧香祭祀以后，就来到中军殿。她对着塑像，想起当时跟丈夫一起来许愿的事，一下子眼泪止不住地流。在场的随从看到这情景，也流下了眼泪。

忽然，有个人抬起头，看到泥雕像也是满脸泪痕。大家都非常吃

海上龙宫

湄洲妈祖庙

惊。这时，有个随从昏倒了，口里喃喃地说道："我就是姚启圣，因为去年在妈祖面前说过中军殿里无中军，所以被妈祖请来镇殿了。今天见夫人哭得伤心，所以不觉得也流泪了。"原来是姚启圣的魂魄在随从身上附体了。

姚夫人听后"啊"的一声大叫，立即扑向塑像，想要自尽，想跟随夫君而去。塑像赶忙往后退了一步，塑像的脸也变成了红色，而且看上去是满脸愁容。

事隔不久，有人重新塑了中军塑像，当时脸上没有加色，但过了一夜后，塑像的脸就变成红色了，而且也是带点忧愁。

这事传开后，人们推想这个中军就是姚启圣的神像。于是，人们便在殿中右边门前塑了一匹姚启圣生前最喜爱的白马，让他来骑，以便他处理事务。后来，在明末清初时候，靖海侯施琅又增建了梳妆楼、朝天阁和观音殿等建筑。

施琅重建的朝天阁位于正殿后面的山坡上，是一座三层八角形、

朝天宫

宝塔顶的楼阁式建筑，它的建筑结构奇特、严谨，显得十分华美。阁内神龛上供奉着妈祖神像。妈祖神像均为黑面，人们称她为"黑脸妈祖"。

这些黑脸妈祖像，是1683年台湾鹿港天后宫从湄洲祖庙分灵过去的。由于台湾信众非常虔诚，香火不断，时间久了，妈祖的脸就渐渐熏黑了。

梳妆楼位于寝殿的下侧，此楼是两层的单檐回廊式建筑，楼内供奉着妈祖像。这个梳妆楼表示了妈祖将一生奉献给大海的坚定意志。

相传妈祖18岁时，父母开始为她的婚事操心，但是她却矢志不嫁。她只想把自己所有的精力都花在帮助乡亲和拯救海难上。

于是，妈祖便给自己精心设计了一个像船一样的发型，表示已把身心都许给了大海。

妈祖升天后，岛上的乡亲们为了纪念她，凡女孩子出嫁，都会梳这样的发型。

头顶发型呈船帆状，发髻代表船帆，两侧的银卡子代表船桨，中间的红头绳代表缆绳，头顶上的簪子代表锚，这样的发型代表着大家一个共同的愿望，就是家人出海时，一路平安、一帆风顺。

新娘的服装也特别有文化内涵。蓝色上衣表示深深的大海，红黑相间的裤子，红色比为吉祥，黑色喻为思念。当丈夫出海时，妻子在家里这样穿着，表示对丈夫的忠贞、思念和祝福。

据说观音殿的建造是因为在老百姓心里，妈祖的出生是观音菩萨赐予的礼物，而且妈祖的慈悲济世精神，与观音一脉相承，所以清代以前的妈祖庙建筑群中总有观音殿作为主要配殿。

观音殿中奉祀观音菩萨，供广大妈祖信众及求子心切的天下父母顶礼膜拜。

到了1735年，乾隆登基的时候，湄洲妈祖祖庙已颇具规模了，成为了一座有99间斋房，号称"海上龙宫"的雄伟建筑群。

湄洲妈祖祖庙一度遭到破坏，只剩下圣父母祠和中军殿，妈祖庙的文物也相继被毁和遗失，唯有妈祖神像存留了下来。经过几年努力，湄洲妈祖庙在原址上被稍加改动，建立了起来。

重建的妈祖庙坐东北，面西南，呈轴线分布，有牌坊、长廊、山门、香炉台、圣旨门、广场、钟鼓楼、正殿、寝殿、朝天阁、升天楼等，还有佛殿、观音殿、五帝庙、中军殿以及爱乡亭、龙凤亭、香客山庄和思乡山庄等一系列建筑物，形成规模庞大、雄伟壮观、楼亭交

■ 湄洲岛妈祖庙鼓楼

错，殿阁纵横的祖庙建筑群。

从山门至升天楼、从升天楼至妈祖石像的石级分别是323级和99级，象征着妈祖诞辰日是农历三月二十三和升天日是九月初九。

大牌坊是进入妈祖庙建筑群的第一道关口。它是"三开重檐"形式构成，气势不凡，并且由我国书法大师林加国题写庙名"湄洲妈祖祖庙"。

两旁长廊，雕梁画栋，依山逶迤，与大牌坊连成一体，沿轴线递叠而上的建筑群，错落有致，布局精巧。驻足坊前，可以将祖庙的风采一览无余。

■ 湄洲妈祖庙升天楼

仪门也称"圣旨门"。凌空而建、巍峨壮观，正中悬挂"圣旨"竖匾，象征妈祖曾受历代帝王褒封。

在当时，朝廷对妈祖的封赐皆用圣旨传送，这里就是颁发圣旨的地方，所以此门又名"圣旨门"。由于它的威严与神圣，所以当时凡经此门的文官下轿，武官下马。在仪门的主柱上面有两副对联，一副是：

商旅平安闽台和衷共济；
春秋报赛群众朝圣联欢。

还有一副是：

历代褒封崇懿德；寰球利涉赖慈航。

■ 湄洲妈祖庙仪门

　　这两副对联概括了妈祖受历代褒封及商旅群众前来朝圣答谢妈祖的盛况。

　　朝廷的累累封赐，最终确立了妈祖作为唯一海神的至高无上的地位，也使妈祖这一民间信仰的传播日渐扩大，几乎遍及全国。同时，她的名字又伴随着漂洋过海的华侨、海员和外交使节，传遍了天下。

阅读链接

　　在圣旨门的前面是圣旨门广场，宽66米，深66米，暗喻"六六"大顺之意。据说，每次朝廷为妈祖封赏而下达的圣旨，都是在圣旨门宣读的。

　　并且自从宋徽宗皇帝下诏赐妈祖庙"顺济"匾额，封妈祖为"顺济夫人"后。直到清代，朝廷先后36次为妈祖叠奖褒封。封号从"夫人""妃""天妃""天后"直至"天上圣母"，殊荣臻隆，无以复加。其中宋代14次、元代5次、明代2次、清代15次。

饱含特色的妈祖祭祀文化

妈祖的祭祀活动有着独特的方式与内容，但对于每个供奉妈祖的妈祖庙来说，它们的祭祀方式和信仰活动都大致相同。

在每年农历三月二十三妈祖诞辰的时候，便会在祖庙举行纪念活动。妈祖诞辰的庆典活动非常隆重，从三月初五开始到二十三结束，它的规模甚至超过了春节。

从三月二十二的晚间开始，虔诚的信徒便会聚集到妈祖山上等待

■ 湄洲妈祖庙景观

人间天宫

非凡造诣的妈祖庙宇

簪 是由笄发展
而来的，是我国
古人用来绾定发
髻或冠的长针。
其可用金属、
骨头、玉石等制
成，多加以珠宝
装饰。后来专指
妇女绾髻的首
饰。搔，簪股，
将头部做成可搔
头的簪子，所以
俗称为搔头。

午夜吉时的到来。在三月二十二的晚上，湄洲祖庙还有一个独特的风俗，那就是为妈祖梳妆。祖庙董事会的老阿婆们会在当晚聚集在梳妆楼，为妈祖梳妆。

梳妆楼里所供奉的是不戴冕旒的妈祖神像，阿婆们要为她梳妆打扮。明天是妈祖生日，老阿婆的心情比女儿出嫁还要激动万分，喜盈盈地忙着为妈祖梳妆，给她戴簪和插钗，擦拭脸上的香灰，还会给妈祖换上一身新袍。

午夜吉时到来后，会先鸣放铳炮，然后开始做醮，奏鼓吹八乐并且演戏。这时，围在寝殿香炉前的人们会争先恐后地把手中的清香插进香炉，都希望能抢到头香，获得妈祖更多的庇佑。

在寝殿内，在如同白昼一般的灯光照射下，端坐的妈祖更显慈祥亲切。长长的供桌上摆满了信众奉献的各式各样贡品。贡品的种类繁多，但大致分可为五

■ 湄洲妈祖文化展
览馆

牲、五汤和什锦。

五牲就是指全猪、全羊、鸡、鹅和海味。五汤，就是用桂元干、芡实、莲子、红枣和柿饼五种果实做成的面汤点。

而什锦，则是用染了颜色的白豆排出10种花样或文字，分别放在10个小碗内。属于干品。除此以外，还有烧金和表礼等。

当夜，祖庙内是一个不眠之夜，前来跪拜的信众非常多。爆竹声不断，十音八乐此起彼伏，舞龙舞狮翻飞腾跃，非常热闹。而戏台上正演出曲调高亢的莆仙戏，好戏连台一直演到天亮。

在妈祖诞辰当天的上午，还会在祖庙举行祖庙祭典，气势磅礴、恢宏壮观。这也是妈祖诞辰祭祀活动的最高潮。

妈祖是海神，大海是妈祖重点管辖和显灵的地方，所以，人们除了庙祭之外，还会举行海祭。海祭

湄洲妈祖庙朝天阁牌匾《佑济昭灵》

海上龙宫

湄洲妈祖庙

跪拜　跪而磕头。在我国的旧习惯中，作为臣服、崇拜或高度恭敬的表示。古人席地而坐，"坐"在地席上俯身行礼，自然而然，从平民到士大夫皆是如此，并无卑贱之意。只是到了后世由于桌椅的出现，长者坐于椅子上，拜者跪、坐于地上，"跪拜"才变成了不平等的概念。

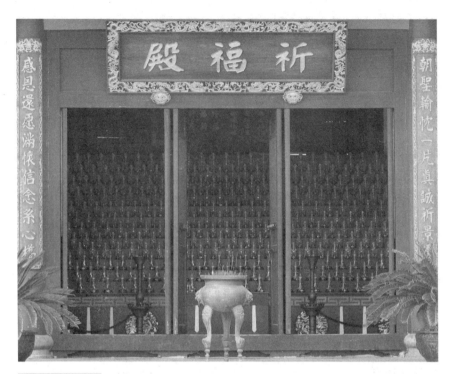

■ 湄洲妈祖庙祈福殿

状元 就是在封建社会中，科举考试的最高一级选拔出来的或者经皇帝认定的第一名。自古以来，在漫长的中国历史中存在着文治武功。人们已经习惯于一方面"以文教佐天下"也就是教化民众，维护社会太平；另一方面"以武功裁祸乱"也就是保护国家安定、巩固国家政权。一文一武，相得益彰，有文状元和武状元之分。

主要是渔民的节日，是在三月二十三妈祖诞辰这一天举行。海祭的礼仪和庙祭一样隆重，只是把供桌、贡品摆到海边沙滩上而已。

海祭时，信众们会面朝大海，向海神妈祖跪拜，祈求海上出行平安，海上捕捞丰足。海祭因地域不同而名称也不同，在浙江象山称为开渔节，在广东称为辞沙，在台湾澎湖则称为海上巡安。

与海祭关联的习俗是水族朝圣与渔民的禁捕。相传，在三月二十三妈祖诞辰的这一天，海龙王也率所有的水族来到湄洲湾海域，向湄洲妈祖朝拜。

每当这时候，人们常能望见水族齐聚，追波逐浪，竞相腾跃，煞是壮观。因此，渔民们相约，妈祖诞辰前后几天海上禁捕，好让鱼虾同人类一样庆祝妈祖诞辰。此俗由来已久，并且从未破例。

　　除了妈祖诞辰，农历九月初九的妈祖升天日祭祀活动也非常盛大。但因为是忌日，纪念活动的特点是戒荤，供品不备五牲，一律用素食，祖庙内部住持祭祀的道士也必须进行三斋六戒。

　　像妈祖诞辰和妈祖升天日所做的醮都属于清醮，就是常年纪念活动。除此以外，还有大醮，大醮就是大庆典的纪念活动，湄洲祖庙在祖庙落成、开光或者千年祭的时候会举行大醮。

　　举行大醮时，祖庙内会演奏五锣鼓，放铳炮，演木偶戏，奏八乐鼓吹，并且演莆仙戏。

　　演戏时规定必须要先跳加官和演八仙，还要进行状元游街，这以后才能正式开始演节目。在祖庙内有经师、和尚各9人做道场法事，经师和尚一般都配有自己的吹鼓手演奏。

　　大醮整个庆典活动规模很大，形式非常隆重。除此以外还有出游，出游是湄洲全境祈求妈祖平安的一种活动仪式。目的是请妈祖巡游全境，扫荡妖魔，庇护黎民平安顺利。

　　这种出游，不一定每年都举行，出游的日子也不是固定的。在出游前，人们会在妈祖神像前问卜祈安，就是通过占

木偶戏 是民间戏剧表演中的一种特别类型，多由艺人操纵木偶伴随宗教仪式进行表演。我国很多民族都有在祭祀仪式中制偶做戏的习惯，通过木偶戏的象征性表演，达到仪式所要实现的目的，以满足人们的心愿。我国木偶戏历史悠久，三国时已有偶人可进行杂技表演，隋代则开始用偶人表演故事。

■ 湄洲妈祖庙香火

择日 古代人无论婚丧嫁娶，还是安床架灶或出行祭祀等，都非常重视日子的选择，认为选择一个良辰吉日可以事半功倍。所以在老式挂历或老黄历上，往往都写满了各种择日信息。

卜询问妈祖是在祖庙举行祈安法事，还是出游。

若是"卜杯"，也就是占卜，妈祖表示同意，就在祖庙做祈安法事，演戏等。如"卜杯"不同意，便决定出游。此时，全乡耆老集中祖庙决定出游的主持人，再"卜杯"确定出游的月份，然后再择日推算出游具体日期。

出游的那一天，湄洲全境15个宫的妈祖同祖庙的妈祖全部抬出去巡游并规定到下山宫驻驾一天。诸宫妈祖东西两行排列，妈祖则排在东边首席。出游后，再"卜杯"决定妈祖回驾祖庙的时辰。

妈祖圣驾回銮，要先是五驾和中军，继为妈祖，后为各宫妈祖相随。下山宫的妈祖排在最后，因为它是妈祖驻驾时的宫庙主人。

分神，则是指外地妈祖执事人员到湄洲祖庙请香仪式，故称"分神"或叫"分灵"。

人间天宫

非凡造诣的妈祖庙宇

■ 湄洲妈祖庙建筑

■ 湄洲妈祖庙功德榜

通常是外地妈祖庙有庆贺活动或节日时，虔诚的信徒便不论远近，专程来到湄洲祖庙，敬请妈祖驾临该地妈祖宫观赏和赐福。

事后，香火会留在这个地方不再送回。以后如有活动，还会再次进行进香。所以，分神一事，在湄洲祖庙多则一日数十起，尤其是每年三月廿三妈祖生日请香的人非常多。

此外，关于妈祖的祭祀活动还有妈祖元宵和农历八月十五的庆贺中军生日。元宵节祭祀妈祖时，家家户户都会备好"水族朝圣"贡品，或真或仿，摆成"宴桌"。

妈祖元宵日是在元月初十。这个节日主要是人们敬请妈祖庆赏元宵。由于湄洲除祖庙外，在福建全境还有15座妈祖宫奉祀妈祖，所以庆赏元宵的活动，是从元月初八始至十八止。

进香 民间信仰的一种仪式，分灵的神像每逢一段时间，就需要回到原庙宇参加祭典，以增添神祇的法力，号称进香，又作谒祖。这是因为，分灵的神像通常是原本神明的部将，进香可使其汲取原本神灵的法力，也可向祖庙神祇述职，禀告情况。另外信徒往往会安排自己所信奉的神像，环游各地，在名庙古刹接受祭祀，亦称进香。

神龛 是放置道教神仙的塑像和祖宗灵牌的小阁子。神龛大小规格不一，依祠庙厅堂宽狭和神的多少而定。神像龛与祖宗龛型制有别：神像龛为开放式，有垂帘，无龛门；祖宗龛无垂帘，有龛门。

各妈祖庙的妈祖神像先后抬来祖庙上香。各妈祖宫随从的仪仗队有大旗、大灯和大鼓，还有放铳炮。由各宫福首主持进香，祖庙请道士做醮。

供品由平时祈求、许愿的信徒提供答谢祭祀，还演奏鼓吹八乐等。

按惯例，元宵活动先由山尾宫抬妈祖神像到祖庙庆元宵，然后出巡庆贺元宵。有"摆棕轿""耍刀轿"等场面壮观和热闹非凡的文娱表演以及妈祖出宫、回宫的活动。

关于中军生日，因为中军是妈祖属下，所以庆贺只在中军殿内举行。

关于在祭祀过程中的贡品，也有很多种类。在民间供奉妈祖的主要群体是渔民和船工，所以在妈祖的祭祀活动中，大多都用海产品供奉妈祖，这成为了渔民的一大特色。

■ 妈祖庙天后宫香火

■ 天上圣母妈祖像

　　他们用一些罕见的大蛤壳、海螺壳，大龙虾壳等作为供品献上。有时，在大小节日庆典，渔民们还用面粉蒸制各种象征水族或其他神兽的供品。

　　除了这些，在许多宫庙中还藏着为数众多的船模，这是船工们奉献给妈祖的供品。代表着渔民们祈求妈祖保佑出航平安，有时也是征询妈祖神灵的意愿，然后动工造船。妈祖的供品中，往往还有形式多样的绣花鞋，名为"妈祖鞋"，表示向妈祖求子。

　　在妈祖庙中，除了贡品外，神龛、供桌、烛台、香炉、钟磬、鼓号和其他祭器，也都具有深厚的妈祖信仰文化。

　　关于祭器，如盘龙烛台、果盒、馔盒等也都是漆金木刻的珍品。莆田地区的漆金木刻工艺，普遍用于这一带妈祖庙的神龛。供桌的制作，不仅雕工精细，

祭器 祭祀时所陈设的各种器具。在周朝的时候祭祀有六器，分别是璧、琮、珪、璋、琥和璜。人们凭借这些专门的法器和道具，再通过一定的仪式与上天沟通。同时，也借助祭器营造庄严肃穆的气氛。青铜器就是最重要的法器和道具之一。

湄洲妈祖庙妈祖像

构思奇巧，且金光闪烁，令人世间炫目。在这些宫庙中，妈祖神像的装饰也极为华丽，有精镂细雕的银冠、铜冠、绚丽多彩的龙袍、霞帔、珠靴及朝珠、玉圭等。

关于仪仗，在妈祖信仰的民俗文物中，数量最多而且品种最丰富的就是妈祖出游时所用的全套仪仗器物。

其中有刺绣人物、花卉和龙虎图案的清道旗、龙头杖、"天上圣母"衔牌，还有"肃静""回避"牌等。此外，还有大小灯笼、火铳及其他器物。

每当妈祖出巡或谒祖进香，所有这些仪仗器物会由打扮成侍神、中军、文曹、武判或随人等人物，按一定顺序相间排列，前呼后拥地随妈祖出巡。因此每次妈祖出巡，也都是妈祖民俗文物的大展示。

阅读链接

在天后诞辰的时候，水族会集结到海边，传说是为了感谢妈祖。东海历来水怪众多，时常兴风作浪，破船沉舟，过往渔民商旅，深受其害。

妈祖自16岁起就经常飞巡于海上，游于礁屿之间，降妖伏魔，除掉了不少水怪。一日，妈祖与当地官员巡行海上，命驻舟中流，只见四海龙王率领水族骈集，毕恭毕敬，向妈祖请罪问安。

妈祖赦免了它们的罪，嘱咐它们以后要庇护渔商百姓，不得兴风作浪。四海龙王率水族齐齐谢恩，然后退潮。后来每当妈祖诞辰的时候，龙王都会率领水族来为妈祖庆生。

平海天后宫

平海天后宫俗称"娘妈宫"，位于福建莆田平海镇海滨路，背靠朝阳山，面临平海湾，庙门与湄洲妈祖庙隔岸相望，形成了平海天后宫最具特色的景观。

平海天后宫始建于999年的北宋，因宫内由108根木柱组成，故又称"百柱宫"。

平海天后宫被称为全世界最古老、保存最完整的宋代宫殿式原构妈祖行宫，也是世界第一座妈祖分灵宫庙，影响十分深远。

富含神秘色彩的行宫建筑

平海天后宫位于莆田平海镇的东南方，原名"通灵神女庙"，俗称"娘妈宫"，创建于999年的北宋，是湄洲妈祖庙分灵的第一座行宫。后来，经过多次重修改名为"天后宫"。

平海天后宫整体背靠朝阳山，面临平海湾，与湄洲妈祖庙隔岸相望，风景迷人，形成了一个极具特色的景观。

平海天后宫建筑总体设计严谨，独具特色。宫庙的造型飞檐翘角，雕梁画栋，鎏金烫彩，典雅古朴，保持了宋代建筑风格，是世界上保存最完整的千年古建筑之一。

平海天后宫宫殿为抬梁穿斗结构建筑，进深各五间，其

平海天后宫飞檐

■ 天后宫内景

正殿、两庑、大门等全部使用木柱。大门外檐下仍沿用原宋代的梭形石柱数根，其屋盖为后单檐硬山顶卷棚出檐与前单檐歇山顶的混合体，造法特殊。

其中，中座宫庙分三殿和两厢，并由一条回廊将其串连起来，形成了一个"工"字形布局，构造十分独特。平海天后宫的还有一个特色之处在于当年匠师们寓意深刻的建筑设计，整个天后宫有三处不离"108"这一数字的。

首先是大殿的大屋顶和廊庑由108根木柱承托。因此，又被称作"百柱宫"。而宫内檐下四周又用108块青石砌成，组成内院埕。再有宫前古水井，也就是师泉也是用108块青石砌筑而成，组成较为少见的方形井。

108是我国传统文化中的吉祥数字，是易学中的一个"大周天数"，意味着阴历与阳历三个"小周

歇山顶 即歇山式屋顶，宋朝称九脊殿、曹殿或厦两头造，清朝改称歇山顶，又名九脊顶。其为我国古建筑屋顶样式之一，有严格的等级限制。歇山顶屋脊上有各种脊兽装饰，其中正脊上有吻兽或望兽，垂脊上有垂兽，戗脊上有戗兽和仙人走兽，其数量和用法也都是有严格等级限制。

■ 天后宫内景

天"后的又一次契合，象征着圆满；"108"又是佛教中的吉祥数字，如佛珠通常是由108颗组成。"108"在天后宫以良好的寓意、有趣的方式再三的被使用，形成一大特色。

进入平海天后宫的大门，走过长廊，便可以到达正殿。殿内的神龛上供奉着五尊妈祖，中间的最大，左右依次渐小。她们虽然神态各异，但都慈眉善目，十分亲切。

大殿左右两旁供奉五帝爷、水天王、临水夫人、慈济真君。前上方依次挂着"神昭海表"横匾和一块独特的"皇帝万岁万万岁"直匾。

据说，此殿供奉五尊妈祖神像与朱元璋有关。

相传明初朱元璋为平南方叛乱曾率军从水路来到南日水寨。舟行古南啸时，忽然遇到了飓风。狂风大浪不停地袭击着战船，船体摇晃不定，无法行进。朱

明太祖朱元璋

（1328—1398），字国瑞。原名重八，后取名兴宗。濠州钟离人。明朝开国皇帝。在位期间，为进一步加强中央集权，设承宣布政使司、提刑按察使司、都指挥使司三司分掌权力。

元璋下令连续抛了5个锚，想要稳住船身，可是怎么也稳不住，船只被大风催逼着左摇右摆，情况十分危急。

这时，随行的官员想到，听说平海的百姓一直供奉的妈祖十分灵验，于是劝朱元璋向妈祖祈祷。朱元璋听后举目向天，伸出双手呼求妈祖。

突然，一阵红光显现。只见妈祖飞身而来，瞬间化为5位红衣少女，分别按住5个锚，稳住了大船，并指示船队开往平海港避风。

于是人们奋力划向平海港，一路上船队好几次都要发生危险，但5位红衣少女都使他们化险为夷了。上岸后，5位红衣少女就不见了。

由此朱元璋感动于狂风恶浪后平静的海湾，认为此处应该叫"平海"，遂将原来的南啸改名为平海。也因5位红衣少女神奇的遁去后在战船上留下了5朵金花，故而，为感念于此，平海的天后宫里供奉着独一无二的五尊妈祖神像。

朱元璋非常感激妈祖的保佑，还赐了"皇帝万岁万万岁"的匾额，此后，匾额便一直保存在平海天后宫的正殿之内。

阅读链接

平海天后宫是世界第一座妈祖分灵的行宫，备受人们尊崇。2011年，平海天后宫与我国台湾台南大天后宫缔结成了"姐妹宫"，缔结庆典活动在平海天后宫举行。

此次活动是平海天后宫与台南大天后宫为了加强海峡两岸之间妈祖文化的联谊和交流，进一步促进妈祖文化的弘扬和传播而举行的。

这是平海天后宫举办的规模最大的庆典活动之一，有力地推动了海峡两岸妈祖文化的传播与交流，成为增强妈祖文化连接两岸同胞的情感纽带。

妈祖助战施琅的动人传说

■天后娘娘塑像

天后圣母

到了清代，平海天后宫妈祖显灵的传说也从未断绝。在平海天后宫的大院内有一口古井。这口井就是著名的师泉井。井口呈四方形，由四块大石砌成，井壁用条形石块砌就，共108块。

在海边挖井，经海水浸润，井水一般较苦涩。但师泉井却不是这样。师泉井虽不深，水却澄澈甘甜。并且，关于师泉井还有一个极具历史特色的传说呢！

在1682年，清军水师提督

施琅奉旨率30000水军驻扎在平海，准备乘风东渡台湾，收复台湾。他们来到平海后，正好遇到干旱，施琅找了很多地方，都没有找到合适的水源，30000水军的饮水成了一件非常紧急的问题。

施琅望着士兵们口渴唇裂，萎靡不振的样子，感到心急如焚。他深知，如果不尽快解决水源的问题，那么，收复台湾的整个作战计划就会全部失败。

■ 妈祖庙石碑

为此，施琅走访了当地许多乡绅和百姓，可是没有一个人能为他指点迷津。一天，施琅为了排遣心中的郁闷，来到了海边，站在一块巨大的礁石上，举目远眺烟波迷茫的台湾岛，海峡两岸的涛声带着他的心事飘向茫茫大海。

半夜，施琅回到了宿营地，躺在床上辗转反侧，难以入眠。到了天快亮的时候，施琅迷迷糊糊地睡着了，做了一个梦。

在梦中，妈祖娘娘从天后宫的神龛上走下，微笑着对他说："施将军何必如此长吁短叹，水不就在宫门口吗？"

妈祖娘娘说完，便飘然而去。施琅猛然惊醒，茅塞顿开。第二天，施琅便带领士兵来到平海天后宫，果然在宫门口找到一个已经被填了的古井。

施琅下令开始挖井。用两天时间，只挖了6米多深，奇迹便出现了，泉水汩汩地从井底涌出。施琅俯

提督 武职官名，全称为提督军务总兵官。负责统辖一省陆路或水路官兵。提督通常为清朝各省绿营最高主管官，称得上封疆大吏。若以职能分，提督分为陆路提督与水师提督。清朝共在我国各地设置12名陆路提督，3名水师提督。

身捧着喝了一口，泉水清冽甘醇，非常清爽。为了感念妈祖"赐泉济师"，施琅欣然命笔，写下了"师泉"两个遒劲有力的大字，还命人刻下他的《师泉井记》的碑文。

相传，井边的那个状如龟头的石头，干旱时，只要你在龟头上连磕三下，那么便会泉涌如潮，永不干涸。在平海天后宫宫门的左右各立一通大石碑，左边便是《师泉井记》，而右边的《平海天后庙重修碑记》是与施琅将军有关的另外一个传说。

在1683年，施琅将军奉命第二次东渡澎湖，收复台湾。当施琅率领舟师经过澎湖列岛的时候，却遇到海盗窃踞要津，使大军难以东渡。要收复台湾，首先就要收回澎湖。澎湖既是赴台的跳板，又是征服台湾的序幕。施琅对此早有所准备，他整顿东征大军，严阵以待。

施琅命令用大炮攻击，敌人也用大炮还击。一连打了三天三夜，船上的粮草和淡水快用完了，施琅心里十分焦急，但想到他们是正义之师，于是斩钉截铁地说："正义之师，奉旨征台，合乎天意，顺乎民心，不把海盗聚歼，决不收兵！"

平海天后宫石兽

这时，施琅将军回想起去年，得到妈祖帮助寻到水源的事情，更加相信妈祖一定会再次保佑东征雄师。于是，施琅站在指挥船上，拈香朝拜："祈求天妃显灵，保佑王师克敌制胜。事成之后，自当厚谢！"

于是，将士们也在战舰上朝拜妈祖。一时间，30000舟师军心振奋，纷纷请求将军下令："严

惩为非作歹的海盗，敢冒炮火，视死如归！"

　　又打了三天三夜后，施琅和众将士都已经筋疲力尽了。在这千钧一发之际，施琅将军再度请求天妃显圣，并下令三军将士奋勇杀敌，有进无退。

■ 妈祖庙建筑

　　传说，这时，将士们好像看见天妃从天而降，还有红面、绿面的将军冲杀在前，势不可当。说也奇怪，从这时起，虽然海上烟雾弥漫，但战舰一路顺利，威风凛凛地开进了澎湖列岛，并肃清了岛上的敌人。占据台湾的郑克塽惊闻澎湖失守后，只好投降。

　　还有传说，在未攻克澎湖之前，署左营千总刘春，夜梦天妃告之道："二十二日必得澎湖，七月可得台湾。"

　　果然施琅率领的大军于二十二日攻克了澎湖。又有传说，在清军攻克澎湖那一天，莆田平海乡人去朝拜妈祖，看见妈祖身上的衣袍都被水湿透了，而她的

　　千总 我国古代官名。明代驻守京师的京营兵分为三大营，设千总、把总等领兵官，皆以功臣担任。后来职权渐渐变轻，到了清代，属于为武职中的下级，为正六品武官，地位次于守备。

■施琅将军雕像

左右两位神将，绿面的千里眼和红面的顺风耳涂油漆的双手都起了"泡"。

乡人们都说奇怪，等到出海渔民回来报告施琅将军攻打澎湖得到天妃帮助，人们才知道原来妈祖是率领部将去帮助施琅了。班师回朝后，施琅将军奏请朝廷，说："澎湖神助得捷。"

康熙皇帝非常高兴，加封妈祖为"护国庇民昭灵显应仁慈天后"，特旨重修扩建平海天后宫，立下了《平海天后庙重修碑记》。并且，康熙皇帝还派遣礼部郎中雅虎等人，怀抱着御香、御帛到平海天后宫分灵的祖庙湄洲妈祖庙褒嘉致祭。

到了1750年的清代，太子少保兵部尚书总督闽浙地方等处军务兼理粮饷都察院右都御史署理闽巡抚何口重修中殿和后殿。在1880年的清代重建中殿。

阅读链接

在1682年，施琅第一次率兵渡海攻打台澎，因缺风船行很慢，施琅下令返回了平海。但是回到平海后不久，海上就起了大风，战舰上小艇被风刮下海，不知去向。

第二天风停后，施琅命令出海寻找小艇。找到小艇的时候发现，它们都安然地停在湄洲湾中。据小艇上的被困的人说，在昨夜里波浪中，好像看到船头上有一个红衣女子，稳住了小艇，尽管多次差点发生危险，但每次都化险为夷。

施琅认定是妈祖帮助再次显灵了，非常感动，命令整修了平海天后宫，重塑妈祖神像，并捐重金建了梳妆楼和朝天阁，并请回妈祖神像一尊奉祀在船上。

泉州天后宫

泉州天后宫位于泉州南门天后路，地处城南晋江之滨，这里被称为"蕃舶客航聚集之地"，是多种文化的交会点。

泉州天后宫始建于1196年的宋代，是我国东南沿海现存最早、规模最大的一座妈祖庙，有温陵天后祖庙之称。

泉州天后宫被认为是海内外建筑规格最高、规模最大的祭祀妈祖的庙宇，我国台湾和东南亚许多妈祖庙都从泉州天后宫分灵建庙，可见影响十分巨大。

妈祖显梦建造泉州妈祖庙

相传在1196年的一天夜里，泉州海潮庵所有的僧人做了同一个梦，梦到有一个女神显现，自称是妈祖，让他们为她建造宫殿，好使她可以住在其中，保佑泉州的水运。

泉州天后宫大门

僧人们醒后非常惊讶，认为是妈祖显灵，就推举了一个德高望重名叫徐世昌的僧人去负责建造妈祖庙。于是徐世昌便向百姓募捐，然后用这些募捐得来的钱修建了一座妈祖庙。

当时修建的妈祖庙规模已经很大了，是由山门、三殿、两廊和两亭组成。原山门名叫马戏台，后来被拆毁了，存留下来的山门是后来重建的。

■ 天后宫

重建的山门是雕花漆绘木构斗拱，竖有青石龙柱，两侧有麒麟石雕，螭虎窗户。山门的屋顶重檐是四坡面，屋脊反翘着，上面还有龙的瓷雕。山门屋檐的角脊上是作成凤尾状的装饰，线条柔和优美，整体上面结构华丽壮观。

戏台连接于山门的后檐，坐南朝北，有木构的藻井顶盖，雕脊画枋，小巧玲珑，具有泉州独特的艺术风格。

紧接山门两侧为东西厥建筑，显示了天后宫的尊贵地位。东西厥建筑为二层楼阁，两楼高耸，楼上分别放置着钟和鼓，楼下分别安放着千里眼和顺风耳两个神像，威武庄严。

同样建于宋代的正殿虽历经沧桑，但它的木构建筑依然保存完好。正殿占地面积600多平方米，建筑

螭虎 战国之后玉器和建筑中常见的一种异兽，战国晚期玉器上就有螭虎纹饰。汉以后，螭虎使用的更为广泛。螭虎在中华民族的古老文化中代表神武、力量、权势和王者风范。

人间天宫

非凡造诣的妈祖庙宇

■泉州天后宫山门

雀替 我国建筑中的特殊名称，安置于梁或阑额与柱交接处承托梁枋的木构件，可以缩短梁枋的净跨距离。也用在柱间的落挂下，或为纯装饰性构件。在一定程度上，增加梁头抗剪能力或减少梁枋间的跨距。宋代称"角替"，清代称为"雀替"，又称为"插角"或"托木"。

在一个须弥座上，高出地面1米，这个须弥座是采用花岗岩石修葺的。

在须弥座的束腰处浮雕着"鲤鱼化龙"、雄狮、文房四宝、仙家法器、鹤舞云中和宝盖莲花等图案，雕刻的刀法熟练，图案生动活泼，突出表现了天后的神职至高无上的尊贵。

在正殿的内部是木梁骨架，还有圆形花岗岩的石柱立在其中，柱头的浮雕着仰莲纹。殿内的建筑结构非常特别，空间变化很丰富。

在殿内的门窗上还有弯枋雀替，雀替上有精致细密的雕花，纹饰丰富多彩，既有几何图案，又有花卉水族和鸟兽人物。殿内还画有如意、西番莲及喜鹊登梅等图案，都具有吉祥的象征。还有的图案则是异兽，寓意"益寿"。

殿内的浮雕更是琳琅满目。有八骏、八宝、傅古鸟龙和各种花卉，表现着水族鱼龙腾空翻浪与百花争艳。这些浮雕都是表现道教主题的图案，以福禄寿吉祥物作衬托，呈现出了仙家的非凡境界。

正殿的殿顶则是九脊重檐，属于四面落水的歇山式。正脊是整个天后殿的制高点，两端是用五彩瓷塑成的双龙戏珠，造型精美，光泽鲜艳。

在四岔脊头上则是组合的凤凰图案，这凤凰图是对应大脊的龙，形成了龙凤呈祥的场面。这些都是吉祥如意和庆贺长寿的象征。

正殿殿名是以1123年宋徽宗为湄洲妈祖庙赐额"顺济"为名，称它为顺济宫。"顺济"也就是顺风以济的意思。

在宋代，泉州地方长官和市舶司的官员每年都会在春秋两季来到顺济宫，举行"祈风"和"祭海"仪式，目的是祈求风浪平静，航海安全，也是为了鼓励人们发展海上贸易。

道教 我国土生土长的宗教，起源于上古鬼神崇拜，发端于黄帝和老子，创教于张道陵。道教以"道"为最高信仰，以"神仙信仰"为核心内容，以"丹道法术"为修炼途径，以"得道成仙"为终极目标，追求自然和谐、国家太平、社会安定和家庭和睦。

■ 泉州古建泉山门

其实最初人们祭海不是在顺济宫，而是在晋江边的真武庙中，而祈风仪式则在南安县的九日山上。但后来因为顺济宫的香火非常繁盛，所以这两个祭祀便都在顺济宫举行了。

到了1211年的南宋，郡守邹应龙为了便于商户和渔民们来顺济宫朝拜，在笋江下流造了石桥，取名为"顺济桥"。

并且，泉州天后宫的信仰文化走向我国台湾也是从南宋开始。据记载，早在1171年，泉州知州汪大猷就曾使一部分百姓迁居台湾。

在后来，元代著名旅行家汪大渊从泉州浮海到澎湖后，在《岛夷志略》一书中写道：

> 澎湖分三十六岛，巨细相间，坡垄相望……自泉州顺风，二昼夜可至……泉人结茅屋居之，各遂生育。

文中的澎湖指的就是台湾群岛，从文中可知，在元代的时候，我国台湾就已经有了泉州移民而来的百姓。同样在这一时期，台湾建起了第一座妈祖庙，称为娘妈宫，它是我国台湾地区历史上最早的一座妈祖庙。

阅读链接

顺济桥位于顺济宫的前面，横跨晋江，全长500多米，宽5米，在桥上有石栏杆和塔幢，在桥头上还有威武的石将军和桥堡。在桥身的横匾上还书有"雄镇天南"，桥中有石刻"顺济桥"3个字。

中外商船泊于岸边江中，首先看见的就是顺济宫和顺济桥这两座雄伟的建筑，"顺济""妈祖"之名随之四海传扬。

地位日益升高的妈祖神格

宋代时，泉州已经与埃及的亚历山大港齐名了，成为了世界上最大的贸易商港，与亚洲很多国家和地区有贸易往来。

到了元代，泉州港的贸易更为繁盛，和海外通商的国家更多了，海上巨船入港的数量有时多达300多艘。帝王为了使漕运和海运顺利，也多次诏封妈祖，以祈求妈祖的庇祐。

据《元史》记载，元世祖为了发展海上贸易，于

■泉州天后宫正殿

人间天宫

非凡造诣的妈祖庙宇

翰林院 唐朝开始设立，初时为供职具有艺能人士的机构，自唐玄宗后，翰林分为两种，一种是翰林学士，一种是翰林供奉。在院任职与曾经任职者，被称为翰林官，简称翰林。宋朝后成为正式官职，并与科举接轨。明以后被内阁等代替，地位清贵。

1278年下诏敕封妈祖为"泉州神女"，号"护国明著灵惠协正善庆显济天妃"，妈祖的神格骤然提高，顺济宫也随之改称为天妃宫。

1281年，元世祖再次下诏册封妈祖为"护国明著天妃"，并特地指派泉州的蒲师文为册封大臣，在泉州天妃宫举办祭祀和褒封天妃的典礼。

1299年，元文宗下诏书，加封泉州海神为"护国庇民明著天妃"，并且在诏文中直呼妈祖为"泉州海神"，妈祖的海神职位进一步明确了。

1329年，元文宗又命翰林院拟定了祭文，并派遣官员到天妃宫致祭，祭文道：

> 圣德秉坤极，闽南始发祥。
>
> 飞升腾玉辇，变现蔼天香。
>
> 海外风涛静，寰中麟凤翔。

■ 天后宫内景

民生资保赐，帝室借匡襄。

万载歌清宴，昭格殊未央。

进入明代，泉州港仍是全国的重要港口。在1370年，泉州设市舶司，并在天妃宫附近的车桥村设置了来远驿，专门用来接待外宾。

后来，明太宗为了帮助台湾群岛开发经济和文化，1392年派遣了"闽人三十六姓"定居台湾。在这36姓人中，泉州人占了相当一部分，如南安的蔡氏、晋江的李氏和翁氏等。这些泉州人在定居台湾的同时，也将泉州的妈祖信仰文化进一步带入了台湾。

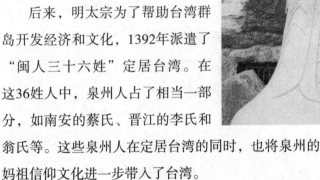

■ 妈祖雕像

"闽人三十六姓"到达台湾后，分别在台湾首府那霸和他们聚居的久米村建起了上、下两座天妃宫。宫成之后，琉球当地的地方官也作了规定：

自贡船开船之日起至第七日，上至大夫下至年轻秀才，都必须参拜两天妃宫……

自第七日至贡船回归本国为止，每日大夫以下的年轻秀士与乡官士们都要轮流诣庙参拜。

后来，随着交流的不断密切，妈祖神格也不断提高，妈祖信仰在台湾也逐渐深入人心。

市舶司 古代官署名。负责对外贸易之事。唐时对外开放，外商来货贸易，广州等地就成了重要通商口岸，朝廷在此设市舶司，或特派，或由所在节度使兼任。始于唐，盛于宋，至明末逐渐消失。清时设海关而废市舶司。

张瑞图 晋江人，明代官员、书画家。字长公、白毫庵主道人等。曾授翰林院编修，后以礼部尚书入阁，晋建极殿大学士，加少师。他以擅书名世，书法奇逸，峻峭劲利，笔势生动，奇姿横生，钟繇、王羲之之外另辟蹊径，为明代四大书法家之一。

1407年，三保太监郑和第二次出使西洋时途经泉州，遣使祭拜妈祖，当时的天妃宫因为年久失修，很多建筑都已经倾颓了，于是郑和奏报朝廷申请重修了寝殿等建筑。

寝殿又称后殿，地势比正殿高出1米多，两侧突出的部位设有翼亭，左右还设有斋馆。整座殿宇是大木构建筑，屋盖为两坡面的悬山槟，面阔7间，木质梁架粗大古朴。

大木柱置于浮雕仰莲瓣花岗岩的圆形石础之上，殿前檐柱保存一对16面青石雕的元代印度教寺石柱，柱上接木柱，刻有楹联：

神功护海国；
水德配乾坤。

■ 泉州天后宫建筑

正面原有悬挂明代大书法家张瑞图所书的"后德配天"横匾。

1417年，郑和第五次下西洋再次途经泉州，在依制祭拜妈祖之后，又去灵山伊斯兰圣墓行香，祈求祖先灵圣庇佑，存留下来的郑和行香所立碑石上刻着：

天后宫砖雕

钦差总兵太监郑和前往西洋忽鲁谟斯公干。永乐十五年五月十六日于此行香望灵圣庇佑护。镇抚蒲和日记立。

1540年，郡人徐毓集资再次大修了天妃宫，先修正殿5间，重建寝殿7间，凉亭4座，两厢30间，东西轩及斋馆28楹，于1544年落成。

在明代泉州人又分别随颜思齐、郑芝龙和民族英雄郑成功移民到了台湾，再一次将妈祖文化带入了台湾。

阅读链接

"闽人三十六姓"中大部分人都是泉州人，他们在从泉州前往台湾的途中，船只必须经过沧水和黑水。

沧水和黑水是一条深达2000多米的大海沟，古称"沧溟"，又称"东溟"。海沟中波涛汹涌，航海者经常在此遇难。

他们为了能够安全到达台湾，在出发前就在泉州天后宫举行了祭祀，然后将妈祖恭奉于船中。就这样，妈祖就伴随他们从泉州出发，一路保护他们顺利到达了台湾。从此，泉州妈祖的信仰文化也随着这些泉州百姓在台湾落地生根了。

泉州妈祖文化深入台湾

泉州天后宫圣旨碑

1680年，清朝靖海侯施琅奉旨东征台湾，统一祖国。他分兵三路出击，最终取得胜利。据泉州知州刘颖所编的《泉州府志》载：

　　国朝将军施琅征海师次于此，神有助顺功。

平定台湾后，施琅感念妈祖神恩，上书康熙帝请封，历数妈祖助顺神迹。在1684年，康熙遂敕封妈祖为"护国庇民妙灵昭应宏仁普济天后"，天

■ 泉州妈祖庙大殿

妃宫也改名为"天后宫"了。

后来，施琅将军为报答妈祖的恩惠，对天后宫进行重修和扩建。并且在施琅平定台湾和重修天后宫的期间，他也带领泉州百姓向台湾进行了3次大规模的移民。

到了1723年，雍正御书匾额"神昭海表"，悬挂于殿中，乾隆后历代有重修。后来清文宗加封妈祖为"天上圣母"，泉州天后宫又进行了大规模的修建。

在清代，私商贸易和向台湾的移民热潮也在泉州港进一步兴起，泉州的妈祖信仰文化也随着泉州商人和移民的足迹更为广泛地传播。

1732年和1760年，清政府曾两次开放海禁，当时有许多泉州人乘机东渡，到达了台湾。

也正是因此，台湾的居民中有很多人的祖籍都是泉州。这些泉州人，在来到台湾的同时，也将妈祖文化带到了台湾。

侯　古代分封制度中的爵位之一。爵位是古代皇帝对贵戚功臣的封赐。旧时说周代有公、侯、伯、子、男5种爵位，后代时爵称和爵位制度往往因时而异。

清文宗　清朝第九任皇帝，全名为爱新觉罗·奕詝，即咸丰帝，在位11年，是道光帝的第四子。葬于河北遵化的清东陵之定陵。在位期间对妈祖进行了敕封，并拨款重修了泉州天后宫。

符 指书写于黄色纸、帛上的笔画屈曲、似字非字、似图非图的符号。通常和篆同时出现，称为符篆。篆指记录于诸符间的天神名讳秘文，一般也书写于黄色纸、帛上。在宗教信仰文化中，符篆是天神的文字，是传达天神意旨的符信，用它可以召神勒鬼，降妖镇魔，治病除灾。

台湾的妈祖基本上可分为湄洲妈祖、泉州妈祖、同安妈祖三大类别，它们分别为湄洲妈祖、泉州妈祖和同安妈祖的分灵。

从台湾妈祖庙宇的级别来看，都属于大陆妈祖庙的分灵。一是从大陆捧持妈祖神符或香火到台湾奉祀，称为"分香"；

二是从大陆捧持妈祖的神像到台湾奉祀，称为"分身"。它们大概都是出于明清时期福建向台湾大规模的移民。

在这些移民的百姓当中，泉州百姓一直是开发台湾的主力军。他们在台湾的开发是由南至北，从西而东的，因此，台湾岛上的妈祖庙建造年代的顺序也是如此。

1709年泉州人陈赖章开发台北的时间，与台北天

■ 湄洲妈祖庙

中国闽台缘博物馆

后宫的修建年代接近。

1720年，泉州人林列开发新竹的时间，与新竹的长和宫修建年代相近。道光年间泉州曾氏开发桃园的时间，与当地仁海宫的修建几乎同时。

由此可见，台湾的妈祖信仰文化大部分都是泉州天后宫妈祖信仰文化的延续。

台湾有800多座妈祖庙，妈祖的信徒占总人口的四分之三，台湾堪称妈祖信仰的极盛之地。

这些庙宇的殿堂、山门、龙柱、石壁、石楣以及上面雕绘的人物、花卉、鸟兽等，尽是泉州的能工巧匠的杰作。从而也证明了，台湾的很多妈祖庙，都是泉州天后宫的分灵。

由于台湾的妈祖庙和泉州天后宫有着不可分割的紧密联系，后来，在泉州天后宫专门建设了"闽台关系史博物馆"。

闽台关系史博物馆是反映祖国大陆福建，与宝岛

龙柱 指用天青墨玉、霞玉、汉白玉、墨玉、大理石或花岗石等石材玉料，雕刻的龙形浮雕柱体。有圆形和棱形。龙柱是中华民族的传统建筑物，有着悠久的历史。相传既有道路标志的作用，又有过路行人留言的作用，在原始社会的尧舜时代就出现了。

■ 妈祖塑像

台湾历史上渊源关系的专题性博物馆。

馆内收藏有大量珍贵的历史文物和民俗文物，曾多次举办过大型的展览会，如"闽台民间艺术展""泉州古今字书展"和"闽台民俗风情摄影展"等。

台湾的各大天后宫长期以来就跟泉州天后宫有交往。在两地的天后宫内，都保存有对方几十年前互赠的匾额。

为了促进两岸文化交流，每年元宵节的时候，泉州天后宫都会举行"乞龟仪式"。祈福的大"米龟"则是由两岸的信众一起捐赠的。台湾的信众们也到泉州天后宫祈福。

赤湾天后宫

　　赤湾天后宫也叫天后博物馆，坐落在广东深圳赤湾村旁小南山下，依山傍海，风光秀丽。以天后宫为中心的"赤湾胜概"是明清时期"新安八景"的第一景。

　　赤湾天后宫始建于宋代，明清两代多次修缮，规模不断扩大。殿宇巍峨壮丽，外景气象万千，是我国沿海地区最大的天后宫庙，拥有99道门，也是深圳历史上最负盛誉的人文景观。

妈祖慈目下的天后宫盛景

赤湾天后宫坐落在广东深圳赤湾村旁的小南山下，始建于宋代。它原名为"赤湾天妃庙"，1684年更名为"赤湾天后宫"。

赤湾天后宫在鼎盛时建有山门、日月池、钟鼓楼、前殿和正殿等数十处建筑，是我国沿海地区最大的拥有99道门的天后宫。

赤湾天后宫的整体色调是天蓝色，仿若海洋一般。在天后宫的院

■ 天后古庙

■ 赤湾天后宫大殿

门围墙上，有40余通书法碑林，刻下了历代名人书写的与天后有关的墨宝，内容都是记录这位华人圣母的传奇故事和对赤湾天后宫赞誉。

赤湾天后宫大门的正前方，是一堵天后圣母照壁，照壁上刻着"中华海神，天后圣母"8个大字，与照壁前的天后像相映成辉。在天后圣母照壁对面是天后前殿。

赤湾天后宫前殿为天后宫重要建筑之一。前殿面宽24米，高10余米。正门台基前面的浮雕纹样石刻，相传为宋代末年赤湾天妃庙原建筑构件。

前殿的前正面有龙柱4根，用整块青石精镂而成，鬼斧神工，栩栩如生，是宫中最珍贵的文物。这4根龙柱每根高4米多，全部采用我国传统石雕镂刻而成，双龙盘柱，态势生动。

台阶两旁设置海神天后的守护神兽圆雕石麒麟两

照壁 我国传统建筑特有的部分。明朝时特别盛行，一般讲是在大门内的屏蔽物。古人称之为"萧墙"。在旧时，人们认为自己宅中不断有鬼来访，修上一堵墙，以断鬼的来路。另一说法为照壁是我国受风水意识影响而产生的一种独具特色的建筑形式，也称"影壁"或"屏风墙"。

龙床 在宗教文化中，人们认为龙床是最宝贵的床，故称之为"龙床"，尊之为仙人之床，神灵的卧榻。庙内设龙床，是世人相信，神仙也需休息，各地都有很多仙人下榻的古迹。庙内设龙床，即表示仙人下榻之地，故十分神圣。

尊，寓意着天后宫的神圣与庄严。

赤湾天后宫正殿古典而巍峨，是按"官式做法、闽粤风格、海神特点"这3个原则修复的，是宫中最负盛名的殿宇，也是瞻拜朝圣者必到之处。

正殿的建筑结构简明、利落，色彩以大红配搭黄色为主，光线十分明朗。在正殿塑有一尊天后神像，高6米多，面容慈祥秀美，像慈母一样注视着来往香客，因此被信徒们亲切地称为"最美妈祖娘娘"。

赤湾天后宫正殿的左边是香云阁，其中最吸引人的是那些吊满一屋的塔香。这些塔香又称好运塔，在香云阁中，塔香林立，氤氲袅袅，使人们的身心都得到了平静。

来香云阁点燃一个塔香，祈福求安，表达人们希望妈祖能保佑他们一生如意吉祥的愿望。来香云阁点塔香已经是民间流传已久的风俗了。

■ 赤湾天后宫牌坊

　　在正殿两旁的门可以通往左右的偏堂。左偏堂为庙祝居住的地方，右偏堂为天后寝宫。以前，在寝宫内设"龙床"，据说抚摸该龙床可添丁发财，尤以天后诞之日摸之最灵。

　　1310年，明朝中使张源出使泰国，途遇狂风恶浪，危在旦夕。张源情急中大呼天后娘娘，幸得妈祖显灵庇护，得以脱险完成使命。完成使命后，张源为了报答妈祖神恩，重修了天后宫。

　　从此，赤湾天后宫声誉日隆，历代官员感其护国护民大功，多次重修扩建不遗余力。后来，郑和奉明成祖朱棣之命，率领舟师远下西洋，开创海上"丝绸之路"，赤湾天后宫为其重要一站。

　　在1403年，三保太监郑和率领舟师远下西洋，其副使张源重修了天后宫。照壁左右两边的日月池和神泉井，还有挂满许愿布条的许愿树，都是由张源在重

明成祖（1360—1424），朱元璋第四子。明朝第三位皇帝，谥号"启天弘道高明肇运圣武神功纯仁至孝文皇帝"，原庙号太宗，后由明世宗改为成祖。一生文治武功赫赫。他统治期间社会安定、国家富强，后世称这一时期为"永乐盛世"，明成祖也被后世称为永乐大帝。

开光 是宗教活动中最基本内容之一。所谓开光，就是给一些物品，如神像、等吉祥物赋予"灵气"。开光的正式启用来自道教，开光即为道教仪式之一。开光就是把宇宙中无形的、具有无边法力的真灵注入神像中去，神像也就具有无边法力的灵性。故而开光是神像被供奉后，必不可少的仪式。

修天后宫的时候建成的。

日月池分别建在赤湾天后宫大门前照壁的两旁。日为阳，月为阴，日月池相互对应象征着阴阳和谐，冷热有序和刚柔相济，也喻示天后圣母的丰功伟绩与天地共存，和日月同辉。

在月池旁还有一眼神泉井，天然纯净，味道甘美，相传常饮此水乌发养颜，永葆青春。另外，日月池旁还有一口井叫"神泉井"，在阅台前的叫"圣水井"。两口古井是相互对应的，一圆一方，代表天圆地方。

在民间传说，喝这两口井里的水，可以得到妈祖的保佑，益寿延年。传说有一年东莞东坑镇瘟疫肆虐，求医问药也无济于事，有人提议到赤湾天后宫祈求天后娘娘袪病消灾。

他们祭拜天后娘娘后，既喝足圣井水又用竹筒和

■ 天后宫日月池

陶罐将井水带回家中与患者共享，果真得到了医治。

从此东莞信众每次到赤湾天后宫来都要带上大大小小的水桶，将水盛满，然后全部集中到一起，大家在摆着几十桶水的旁边围上一个大圈子，有巫婆带动大家手舞足蹈，诵经祈福，左右转动，巫婆不时在水的上方比画着，表示给圣水开光。

赤湾天后宫内还有一棵榕树，相传是郑和副帅张源重修赤湾天后庙时亲手所植，历经数百年沧桑，依然生生不息。据说有一次，它枯死了60年，但后来却又奇迹般地在树根处发出了两根连理枝，从此人们更加相信这许愿树能达成人们的愿望了。

于是，人们在盘根错节的枝丫上挂满了红黄相间的布条，把自己的各种愿望写在这些布条上。希望许愿树能帮助自己实现愿望。

1463年，兵部给事中王汝霖赴占城前到此祈拜，果然一路顺风，遂出资增建正殿3间。

1580年，广州海舫同知周希尹，在平定倭寇时也得妈祖神佑，顺利率军平定老万山的倭寇。战后，周希尹为了报答天后，增建了寝殿3

间、大堂3间、偏堂2间和檐门2座，并建亭围墙，规模盛大。

1616年，当地的一位王姓知县又修砌了日月池、石拱桥等，还加盖了牌楼。

1656年，清朝守备张应科押运粮食赴海南，在途中经过赤湾天后宫。他进去向天后祈祷，希望能够一路顺风顺意、圆满返回。

在顺利完成使命后，张应科为赤湾天后宫一举增建了房屋12间，还建设了钟鼓楼台。

天后宫钟鼓楼在天后圣母照壁的对面。鼓为我国传统打击乐器，在远古时期以陶为框，蒙以兽皮或蟒皮，也有以铜铸成的。

赤湾天后宫的钟楼和鼓楼均为两层建筑。钟楼、鼓楼是我国古代特有的建筑，所谓"晨钟暮鼓"，在古代用以报时或在战时用以报警。每当天后宫有重大典仪或节度时，便会钟鼓齐鸣。

在明清时期，赤湾天后宫成为了朝廷官员出海使外官祭的三大天后宫之一，也是明清时期"新安八景"中的第一景。

阅读链接

在很多供奉妈祖的庙宇之内都设有龙床。在泉州天后宫内就设有一张龙床。

龙床一般都会布置得十分辉煌。床的四边挂着锦绣的帐幕。而床前则垂下了罗帐。在龙床旁边，还有梳妆台。很多信徒到庙里上香时，也会到这张龙床之前，伸手到罗帐内去，摸索一番，这种行为，叫作"摸龙床"。

摸龙床含有一种预卜今年运程的作用，因为龙床之内，有很多东西，有人摸到一粒莲子，预卜今年抱孙了，因为莲子即年生贵子之谓。

有人摸得一粒花生，预卜今年生意兴隆，因花生即生意如锦上添花之谓。有人摸到一枚铜钱，即表示今年将有大财到手。所以很多信徒，都会去摸一摸龙床。

精彩绝伦的赤湾辞沙仪式

赤湾天后宫香火一直非常繁盛，并且成为了我国南方出海远航者祭祀之地的首选。并且赤湾天后宫的祭祀仪式具有浓烈的乡土色彩，"辞沙"就是其中之一。

赤湾天后宫的"辞沙"祭祀习俗已经有很长一段历史。可追溯到1464年的明代，在翰林院学士广州府事黄谏的《新建赤湾天妃庙后殿记》中记载：

凡使外国者，具太

赤湾天后宫

■ 赤湾妈祖雕像

舞狮 又称"狮子舞""狮灯"和"舞狮子",多在年节和喜庆活动中表演。狮子在我国人心目中为瑞兽,象征着吉祥如意,从而在舞狮活动中寄托着民众消灾除害、求吉纳福的美好意愿。舞狮历史久远,《汉书·礼乐志》中记载的"象人"便是舞狮的前身,唐宋诗文中多有对舞狮的生动描写。

牢祭于海岸沙上,故谓"辞沙"。太牢去肉留皮,以草实之,祭毕沉于海。

过去人们在出海前,会用"太牢"祭祀妈祖,祭祀的时候,人们会将牛、羊和猪这三种牲畜去肉留皮,用草填实,摆祭于海边的沙滩上。祭祀完毕,将这三种牲畜沉于海中。

而这整个祭祀的仪式便称为"辞沙"。后来"辞沙"成为了从赤湾出海者起航前一种固有隆重仪式的名词。

从天后诞辰的半个月前开始,各地的信众就会从各地赶来,海湾内万船云集,宫内外张灯结彩,沙滩上舞龙舞狮,热闹非凡。

据《香港掌故》中记载:

人间天宫

非凡造诣的妈祖庙宇

由于赤湾天后古庙宏伟，每年农历三月廿三天后诞，香港九龙水陆居民都前往赤湾天后庙去贺诞。

每逢农历三月二十三日妈祖诞辰，来沙滩上举行"辞沙"祭祀的信众数不胜数。"辞沙"祭祀大典是赤湾天后宫独有的。

"辞沙"前，做生意的人会事先在天后宫周围搭起商铺，销售香烛和食品。主持人则会将各绅士的捐赠登记、造册并入库。

祭祀开始时，主祭人会指挥将"太牢"先抬于大殿祭妈祖，领海上航行者和渔人到妈祖坐像前燃香行三跪九叩礼。祭祀完毕后焚祝文、焚帛，然后移至沙滩，将"太牢"沉入大海。

此时便会举行舞狮、唱戏、武术表演和杂耍等，而近千艘在赤湾港停留的渔船则会爆竹齐鸣，彩旗招展，盛况空前。

后来因为各种原因辞沙的方式已经改变，由海边移到了庙堂，但是人们没有忘记到赤湾举行盛大的"辞沙"祭妈祖活动，每到辞沙活动举行的时候，照样是热闹非凡。

整个辞沙活动会持续4天，在辞沙的第一天下午，会有一

戏 即戏曲，是我国特有的民族艺术，历史上也称戏剧。我国戏曲是包含文学、音乐、舞蹈、美术、武术、杂技以及表演艺术各种因素综合而成的一门传统艺术。远离故土家乡的人甚至把听、看民族戏曲作为思念故乡的一种表现。

■ 赤湾天后宫香炉

■ 赤湾天后宫雕刻

些人先到天后宫。他们会在正殿、左右殿和阅台上摆设水果、饼干、牛奶等供品，给油灯添灯芯草和香油，做完这些他们还会在山门平台上用竹片搭好人形架子，用纸糊一个"鬼王"。

这"鬼王"右手执令箭，左手托"善恶分明"令牌，腰系大鼓，面目恐怖。同时还会再糊一县令和其所骑的小白马。到了晚上，他们则要在大殿举行一个简单的祭拜仪式。

第二天上午，南巫、武术队和舞狮队等也会相继赶到，南巫身着道士长袍，敲锣击鼓，吹奏唢呐，诵经念文，在正殿内外带领信众叩首祭拜，祈祷天后娘娘保佑他们。

信众按领头南巫指挥，叫跪下祭拜则全部下跪，喊起来祭拜就全部起身。在祭拜信众中有的手托一捆衣物，这是赤湾天后宫祭祀的一个习俗。

信徒会将家人所穿衣物洗干净，按年龄大小依次捆好带来，对着天后娘娘祭祀，表示让衣服沾上灵气，给家人带来吉祥健康。

另外，到妈祖神像前的部分信徒会手执香烛，在大殿天后神像前和观音、财神像前不断发出"呕、喀、喀"的声音，让人听了好像是吃坏了东西要呕吐了。但这呕吐声代表妈祖神灵转附到自己的身上了，

武术 打拳和使用兵器的技术，是我国传统的体育项目。武术又称国术或武艺，具有极其广泛的群众基础，是我国人民在长期的社会实践中不断积累和丰富起来的一项宝贵的文化遗产，是我国民族的优秀文化遗产之一。

已经有了神灵的感觉，羽化成神了，能够像神那样灵验，保佑善良的人们。

祭拜结束后，信众们就开始观看舞狮表演和武术表演了。舞狮表演和武术表演都非常的精彩，动作协调，并且展现了阳刚之美，都会赢得信众们的阵阵掌声和喝彩声。

午餐后，有一阿妈搬来一张竹椅坐在山门处，双目紧闭，嘴上振振有词，全身故弄抖动，百余人在围观，当说到"阿妈保佑我们"时，引来阵阵喝彩声。

另有一个老太太，手执一把燃烧的香，放入嘴中，烟从鼻子里冒出，香从嘴里取出后，竟安然无恙，此时信众们会鼓掌喝彩，还给这老太太口袋里塞红包。

第三天晚上，大家把"鬼王"抬到院内的广场上燃烧，在燃烧前，大家争先恐后去撕"鬼王"腰上挂着的纸鼓。信徒们认为带上这纸片可祛邪，很快"鬼王"的鼓就会被信众抢去。

紧接着就要点鬼王了，南巫嘴上要念着咒语去点燃"鬼王"，鬼王点燃后大家都会把纸钱和大米撒向火海。此时，纸钱"鬼王"照天烧，整个大院火光冲天，亮如白昼。

唢呐　最初的唢呐是流传于波斯、阿拉伯一带的乐器。唢呐大约在公元3世纪在我国出现，新疆拜城克孜尔石窟第38窟中的伎乐壁画已有吹奏唢呐形象。在700多年前的金元时代，传到我国中原地区。唢呐史料始见于明代。唢呐发音开朗豪放，高亢嘹亮，刚中有柔，柔中有刚，深受广大人民喜爱和欢迎的民族乐器之一。

■ 鬼王塑像

到了第四天，整个辞沙活动就达到了高潮。开始举行盛大的祭拜仪式，人们给天后娘娘下跪叩首，锣鼓唢呐声回荡在大殿。

仪式结束后，会有一只狮子在震耳的锣鼓声中腾空而起，随即俯首用嘴轻轻舐着放在案台上的所有供品，以示吉祥。南巫则抱着两个纸箱，一个是装着红花、白花，一个是用来装钱，他们到供品放置的案台旁，逐个分发红花、白花。据说白花代表添男，红花代表添女。

当南巫将红花、白花放到信徒供品上或放到衣服的围兜里时，信徒都要合掌致谢，还要不拘多少向妈祖献些财物。

不久那只空荡的纸箱便装满了钱。最后一个程序是，将用红纸抄写的所有参加这次祭祀活动人员的名单，放在用纸糊的县令手上抱着，然后点燃县令和小白马，连同大家的名字一起化为灰烬。

缥缈的香烟把人们的芳名和愿望一起带给天后娘娘，给天后娘娘传递一个信息，让她在遥远的神仙国度里知道她的信徒是如何的虔诚。至此整个辞沙仪式也就结束了，信徒们也会渐渐离开。到赤湾天后宫的信众在祭拜妈祖后，还都会到许愿树下摘取树叶。

他们摘得树叶有的放在供品上，有的插在抬神像的轿子上，有的插在头发上，但大多是把它带回到家中，插在门楣上或插在花瓶里，表示希望把赤湾天后宫的吉祥和神灵护佑带回家。

阅读链接

在天后诞辰祭妈祖时，来到赤湾天后宫的信众都会带着礼物来朝拜妈祖。他们不仅会为妈祖填油，还都会带来一包最好的米，在油灯上先倒米、填油、捐款，再点燃香烛，祈求妈祖在这一年的时间里，保佑自己平安顺利。

这里多年来，信众所献的米、油不只是局限于倒米填油于油灯，在功德箱里、神龛上、供台上、石雕龙、麒麟上、地上等，到处都倒满了米和油。意寓为寺院送米填油，积蓄功德。

天津天后宫

　　天津天后宫，又名天妃宫，俗称"娘娘宫"。它位于天津古城东门外，始建于元代，是天津最古老的一处古建筑群，也是我国年代最早的妈祖庙之一。

　　天津天后宫原本是海员祭祀海神天后举办酬神演出和聚会的场所。后来随着时代发展，它成为了天津民俗文化的发祥地和天津发展的历史见证。

　　"先有天后宫，后有天津卫"，这是对天津天后宫历史地位通俗而生动的概括。

蕴含深厚文化的主体建筑

　　天津天后宫又称天妃宫，俗称"娘娘宫"，位于天津古城东门外，始建于元代，是天津最古老的一处古建筑群体，也是我国存留下来的年代最早的妈祖庙之一。

　　在元代，由于运输漕粮时海难不断发生，而天津是海运漕粮的终

■ 天津天后宫

■ 天津天后宫戏楼

点，是漕粮转入内河装卸的码头。所以，在1326年，皇帝下令建天后宫于天津海河三岔河口码头，供人们奉祀海神天后。

　　天津天后宫整体建筑，从海河岸边沿中轴线从东向西依次为戏楼、天后宫广场、幡杆、山门、牌楼、前殿、正殿、凤尾殿、藏经阁和启圣祠，其中间一条长30多米的天街连接，两侧分列南北的是钟鼓楼配殿和张仙阁等建筑。

　　戏楼、广场和幡杆均在天后宫正门之外，这里在过去是祭祀天后的场所，后来在过年等节日时这个广场会有大量卖吊钱、窗花的摊位聚集，非常热闹，戏楼有时也会启用。

　　戏楼为酬神演出之所，坐东朝西，面向大殿。是过街楼，西向宫前广场，东向海河和宫前大街，戏楼上悬"乐奏钧天"4字横匾，北侧上场门横额为"扬

吊钱 天津的特色吊钱儿是始于宋朝时期的一种习俗。是用一张长方形的红纸剪刻成花纹图案，下部形似"流苏"，上面一般写有"恭喜发财"等之类的吉祥语，有的挂于门楣，有的直接贴到门上。预示着一年吉祥如意，招财进宝。

■ 天津天后宫山门

庙会 又称"庙市"或"节场"。是指在寺庙附近聚会，进行祭神、娱乐和购物等活动。庙会是我国民间广为流传的一种传统民俗活动，是一个国家或民族中被广大民众所创造、享用和传承的生活文化。

风"，南侧下场门前额为"典雅"。

后来被毁，存留下来的是重修的戏楼，高12米，宽10米，进深约12米。

幡杆不同于其他庙的旗杆，这个幡杆是由海船主桅杆演变而来，是天后宫坐落的标志，高度都在26米左右。

每逢初一、十五和天后诞辰，还有重要节庆庙会，人们都会将旗幡悬于空中，其上绣有"敕封护国庇民显神赞顺重佑瀛壖天后圣母明着元君宝幡"24个字。入夜高挂红灯每灯一字共24盏，远远看去非常壮观，可以为往来船只导航。

山门为砖木混合结构，平面长方形，面阔约6米，进深约3米。下部砌筑砖拱券，前、后设有券门，在拱顶上置十字形梁柱，柱顶施脊檩，横梁两端施金檩，檐檩置于前后檐砖墙上，脊檩上皮至屋外地面通高约6米。

山门顶部是九脊歇山青瓦顶，门额以整砖篆刻"敕建天后宫"5个字，上首可识"乾隆已巳秋九月"。"已巳"为清乾隆十四年，表示山门是在1749年的清代重建。

牌楼是元明时代天妃宫前的标志，是木结构的二柱一楼式建筑，原有匾额"护国庇民"，意取"上以护国家，下以庇民生"。在1674年重修。

前檐正中竖悬着"天后宫"木匾。斗拱下边是"海门慈筏"大字横额，上款题"康熙十三年岁次甲寅春任正月"，下署"整饬天津刀副使加六级薛柱斗立"，表明了这个横额是1674年，由薛柱斗题写的。背额为"百谷朝宗"。

在山门和前殿之间有普济泉等三口井水，传说这三口井是天后娘娘为保一方平安，镇住海眼留下的遗迹。

前殿前的一对石麒麟采用汉白玉石雕琢，石麒麟面目生动，造型夸张，通身造型概括简洁，刀法生动，大刀阔斧之处又有小心精细之笔。

麒麟的头部夸张，比例较大，造型和艺术手法都有北魏石雕之风格，尤其是左边麒麟脚踩海龟，一看便知是为护佑

海神的异兽，造型罕见。

由于这对专司护佑海神的麒麟建造历史年代早于元代，因此有些专家推断天后宫始建可能在1326年之前。前殿后来被毁了，后在原址上重建的。重建的前殿平面为长方形，是歇山青瓦顶，前、后设砖券门，前、后檐柱和山柱共10根，殿内没有中柱，只在柱头间安置有额枋。

前殿是天妃宫最早的山门，为面阔三间的过堂殿。前檐正中门额"三津福主"，上款书"康熙十三年岁次甲寅春任正月"，下署"整饬天津副使加六级关中薛柱斗谨献"，也表明了这个横额是后来1674年的清代，由薛柱斗献上的。

殿内是祭祀天后仪仗的护法神像5尊，中间为王灵官，两侧为千里眼、顺风耳、嘉恶和嘉善，他们均为天后驾前仙班里的神将。

韦陀 佛教的护法神。据说，在释迦佛入涅时，邪魔把佛的遗骨抢走，韦陀及时追赶，奋力夺回。因此佛教便把他作为驱除邪魔，保护佛法的天神。与道教的王灵官相似。

084

人间天宫

非凡造诣的妈祖庙宇

■ 妈祖庙里的顺风耳

　　中间的王灵官是专司镇守道观山门之职的神将，其职能相当于佛教中的韦陀，人称灵官王元帅。在我国民间神话里，王灵官是一个从凡胎俗子步入仙境神坛的奇特人物。

　　传说王灵官，原名王恶。他为人侠肝义胆，专为百姓抱打不平。去世后，天庭晋封他为"玉枢火府天将王灵官"，赐给了他金印，命他执掌监察之职。从此他便纠察天上人间的善恶是非，惩恶扬善。老百姓都称赞他说："三眼能观天下事，一鞭惊醒世间人。"

　　在王灵官两旁是千里眼、顺风耳和嘉善、嘉恶。他们俗称四大金刚，也有人称他们为我国神话中的青龙、白虎、朱雀、玄武。

　　据说，这四位神将以前均为海怪，经常扰乱百姓生活，乡民祈求妈祖，希望妈祖能惩治妖魔。

玄武 是一种由龟和蛇组合而成的一种灵物。玄武的本意就是玄冥，武、冥古音是相通的。玄，是黑的意思；冥，就是阴的意思。玄冥起初是对龟卜的形容：龟背是黑色的，龟卜就是请龟到冥间去诣问祖先，将答案带回来，以卜兆的形式显给世人。因此，最早的玄武就是乌龟。

■ 天后宫天后圣母

于是妈祖便前去捉拿他们，妈祖法力无边，几年间相继收服了千里眼、顺风耳、嘉善和嘉恶4个海怪，同时他们也钦佩妈祖的非凡本领和高尚人格，甘心侍奉于左右，担当起了妈祖的驾前侍卫。

正殿祭祀天后，正殿一对石狮为后来明代雕刻的石狮子。它造型端庄大方，刀工细腻，由于时代久远，石内所含铁分子氧化变成红褐色。

在正殿，原来悬挂由后来清代进士郑瑞麒所撰的一副楹联，道：

补天娲神，行地母神，大哉乾，至哉坤，千古两般神女；

治水禹圣，济川后圣，河之清，海之晏，九州一样圣功。

女娲 又作女希氏，又称女娲娘娘。是我国古代神话人物。他和伏羲同是中华民族的人文初祖。女娲氏是五氏之四，我国古代神话人物。在女娲补天的传说中，女娲断鳌足和杀黑龙的目的就是消除水怪以平息水灾，所以人们也称女娲是平息水灾和治理水患的神灵。

在联中，郑瑞麒把妈祖和上古的补天英雄女娲和治水英雄大禹相比，来烘托妈祖作为航海保护神的丰功伟绩，并认为妈祖作为航海保护神，其功堪与女娲、大禹比肩。

正殿内是天后妈祖。在正殿的神龛里，天后圣母慈眉善目，仪态端祥，凤冠霞帔。她的左右立着四彩衣侍女，其中两人手执长柄扇遮护天后，另两人一个捧宝瓶，一个捧印绶。

抬头向上，中间一块写着"垂佑瀛壖"，意为赐福沿海。两旁分别写着"盛德在水"，"万里波平"，意思都是歌颂天后海神。右壁上还有一块匾，上写"四海同光"。这是后来台湾北港朝天宫赠给天津天后宫留念的匾额。

凤尾殿位于正殿后方，殿内祭祀的是净瓶观音、滴水观音和渡海观音。观音崇拜在民间较为普及，自

大禹 姒姓，夏后氏，名文命，字高密，号禹，后世尊称大禹，夏后氏首领，传说为帝颛顼的曾孙，黄帝轩辕氏第六代玄孙。他是我国传说时代与尧、舜齐名的贤圣帝王，他最卓著的功绩，就是历来被传颂的治理滔天洪水，又划定我国国土为九州。

民俗博物馆

天津天后宫

■ 天津天后宫内的前殿

宋代就有家家弥勒佛，户户观世音的说法。

观音菩萨被老百姓视为万能之神，生育求子拜观音，祛病消灾找菩萨。此外，观音菩萨那博爱、慈悲的胸怀更是让人津津乐道，传承百年。在全国大部分妈祖庙、天后宫中都塑有观音菩萨神像，这是有一定渊源的。

传说妈祖是龙王的女儿，天资聪慧领悟性强，备受菩萨宠爱，随后拜观音为师潜心修炼，深得菩萨真传。

成道后，下界广结善缘、普度众生。因此在妈祖庙内也供奉了观音神像。

观音和妈祖都是除恶扬善、消灾祛疫、护佑万家的神灵，又是我国最具亲和力的女性神祇，深得百姓爱戴。总体来说，天津天后宫无论是其建筑艺术风格，还是石雕、木雕、诸神雕塑、书法、壁画，都衬托着天津天后宫的悠久历史和深厚的文化底蕴。

阅读链接

还有传说妈祖是龙王的小女儿，因为贪玩被观音收为了侍女。顽皮的小龙女悄悄溜出龙宫，化身为一个渔家女孩，在闹市游玩，不料被水打湿身体，现出原形。

一个鱼贩子将她收入网中，卖给了一位厨师。这一幕都被一个小和尚看在眼里，他尾随其后用重金赎下了小龙女。这个小和尚就是观音菩萨手下的善财童子。

善财童子把小龙女送回东海后，东海龙王听说小龙女险遭不测，又心疼又气愤，自责平日太娇纵小女儿，于是狠心搬出家法，要施以重刑。善财童子见此情景，赶忙回到紫竹林向观音菩萨汇报，希望观音能够帮助小龙女。

观音得知后，决定留下小龙女，一来便于管束，二来又多了个帮手。观音向龙王道出此意，龙王喜出望外连忙将小龙女送到了观音那里。小龙女因祸得福，从此成为了观音菩萨的随从侍女。

绚丽的天后宫配殿文化

　　天后宫主体建筑大多供奉的是天后娘娘，而左右配殿陪祀的则是其他民间信仰中的神灵。其中就有祭祀天后仪仗中的药王和四海龙王。

■ 天津天后宫建筑

比干 子姓，名干。为殷商贵族商王太丁之子，纣王的叔父，官任丞相，受其兄帝乙的嘱托，忠心辅佐侄儿纣王。一生忠君爱国，后因强谏被纣王所杀。因比干公平公正，民间将比干供奉为财神。

药王殿供奉的是药王孙思邈，孙思邈是著名医药学家，生于陕西省耀县，自幼立志学医造福万家，因此他饱读医书，吸取中医精髓，博众家之所长。

后来，孙思邈经过多年的行医积累了丰富的经验，撰写了多部医学著作，为我国的医药研究做出了卓越贡献。他还经常义务为穷苦百姓治病疗伤，扶危济贫，因其医术高超、药到病除被后世誉为药王。

治病求医为人之本能，在旧社会，老百姓轻信是药三分毒，经常将礼拜神佛当作治病诊疗的良方。因此，药王崇拜应运而生。

除了药王配殿，还有蕴含了百姓希望生意兴隆而祭祀的文财神和武财神的配殿。

财神殿的文财神比干原是殷商末代皇帝纣王的叔父，任商朝宰相。他平日里为人正直，勤于朝政，忧国忧民。

■ 天后宫财神殿

比干见纣王因为宠爱妲己而荒废朝政感到忧虑不已。随后遭妲己所害，挖心自尽。他生前心直口快、说一不二，对事、对财都能公正无私、绝无偏袒，故被百姓尊为了财神。

比干之所以成为文财神，并不是因为比干是大财主，而是因为民间流传着一个关于比干的故事。

传说比干因为纣王昏庸无道，怒视纣王，并且自己将心摘下，扔于地上，走出王宫来到了民间，广散财宝。他虽然没了心，但因吃了姜子牙送给他的灵丹妙药，并不曾死去。

■ 财神殿

因为没了心，所以比干就无偏无向，办事公道，深受人们爱戴和称赞。当时，在比干手下做买卖者，都没有心眼儿，大家公平交易，谁也不会坑骗谁。

所以人们把比干这位老幼都无欺的君子立为财神，人人敬服。

而且在民间有谚语"财神到家，越过越发"的说法，所以敬财神、拜财神也是老百姓对富足、安乐生活的一种无限追求。天津地区也素有正月初二接财神、送"财水"的习俗。

在清晨，水铺的伙计肩挑两桶水、手拿两捆柴，

财神 是我国民间普遍供奉的一种主管财富的神明。财神是道教俗神，民间流传着多种不同版本的说法，月财神赵公明被奉为正财神，李诡祖、比干、范蠡、刘海被奉为文财神，钟馗和关公被奉为赐福镇宅的武财神。日春神青帝和月财神赵公明合称为"春福"，日月二神过年时常贴在门上。

■ 武财神殿

斗姆元君 道教神名。简称"斗姆"，又作"斗母元君"或"中天梵气斗母元君"。"斗"指北斗众星，"姆"指母亲。所以在道教经典中说斗姆是北斗众星之母。道观中供奉的斗姆都是有三目、四首、八臂，并称斗姆元君的圣诞是农历的九月初九。

挨家挨户地送，嘴里还大声吆喝："柴水啦！"水象征着财气、财运，柴与财谐音。

因此被老百姓赋予了招财进宝、大发财源的吉祥寓意。虽然后来这种风俗渐渐被人遗忘了，但是人们敬财神、拜财神的意愿却存留了下来。

关羽被誉为武财神。关羽，字云长。他仪表威武，武艺超群。东汉末年天下大乱，他投奔刘备，与刘备、张飞结为三兄弟，起兵争雄。刘备建立蜀国，关羽守襄阳、定益州、督江陵，被封为前将军，汉献帝封他为汉寿亭侯。

关羽具有忠君爱国、神勇威武、待人至信、行侠仗义的高尚品德。同时他也是中国少有的同时接受佛、道、儒三家信奉的神明之一，甚至与孔子一起被誉为中国的文武二圣。

而且关羽以忠义著称，由于他为人刚直，做事果断，还被百姓赋予了治病消灾、镇宅避邪、庇护商贾、和招财进宝等诸多能力，被后世誉为武财神。

每年农历正月初五，信奉关帝的商家富户都要为关老爷供上牲畜，燃放爆竹，烧香磕头，祈求他保佑来年生意兴隆，财运亨通。

除了财神殿，还有祭祀斗姆以及北斗星君的配殿。

斗姆殿内供奉的是斗姆元君，即北斗众星之母，全称为"九灵太妙白玉龟台夜光金精祖母元君"，也称斗姆、斗姥。

在道教经典《太上老君玄灵斗姆大圣元君本命延生心经》中有记载，说斗姆擅长医药诊疗、精通阴阳五行有消灾避邪、护佑胎育等诸多神职。

斗姆造像较为特别，有4个头，每个头上有3只眼睛，还有8只胳膊，并且每只胳膊上各执着法器。慈祥中不失威严，民间信众颇多。

每逢斗姆诞辰、喜庆节日，各地斗姆祠、元辰殿多举办祈福延寿法会道场，祈求斗姆元君保佑健康长寿，子嗣平安。

阅读链接

在天后宫配殿元辰殿当中，还供奉有太岁，分别以我国古代60位文官、武将命名，如甲子太岁金辨大将军、乙丑太岁陈材大将军等。

太岁即岁神，主管人间吉凶祸福，依六十甲子轮流值岁，当年轮值之岁神称为值年太岁。每个人都有自己的本命太岁，即本人出生当年的值年太岁。

北方地区有农历正月拜太岁的习俗，天后宫每年腊月二十三都举行"春祭拜"大典，就是请出本年的值年太岁，祈求太岁神驱走过去一年的霉运和苦难，祈盼来年万事顺利，平安如意。

配殿供奉的众神及其传说

王三奶奶塑像

天后宫配殿当中除了有崇拜范围较广的神灵外，还有供奉天津本地民间信仰的配殿，如王三奶奶殿、泰山娘娘殿等。

王三奶奶殿的主要神灵有王三奶奶、白老太太、挑水哥哥等。

关于王三奶奶，民间有着几种不同的说法。有人说她是河北三河人，逃荒来到天津做佣人。自幼受到父亲熏陶，经常利用拔罐、刮痧和推拿等一些土办法为穷人治病，受到邻居们的好评与称赞。

还有人说，王三奶奶是天津津南人，从小敬神拜佛又精通巫术，

■ 王三奶奶庙

长大后以顶仙、跳神为业。一次她来到天后宫烧香，自从入庙就再也没有出去过，有人说在天后宫的藏经阁的佛龛内看到了王三奶奶，说她是成仙成佛了。

另外还有传说，王三奶奶每年都要去往京西妙峰山进香，并在途中设立若干个"茶摊"供朝拜者解渴纳凉。在一次登上妙峰山的途中，王三奶奶却不幸跌入山崖，丢了性命。

王三奶奶在天津的信众非常多，她乐于助人、扶危济贫和乐善好施的良好品格更是让津门百姓传承百年。天津百姓有了疾病都来求她保佑，并传着谚语：

摸摸王三奶奶的手，百病全没有。

摸摸王三奶奶的脚，百病全都消。

天津有歇后语：王三奶奶的匾，有求必应。通过

跳神 汉族和许多少数民族民间巫卜风俗，流行于全国许多地区。旧时民间治病的一种信仰活动，是古代宗教遗风。跳神的目的很广泛，可请神来消灾治病、驱邪捉鬼，也可请亡灵对话。

这些俗语可见王三奶奶早已在天津深入人心了。

关于白老太太，有人说她是五大家仙之一的白仙。还有人说她曾是早年间天津民间的一位医者，尤以治疗眼病见长，深受百姓爱戴。

最后一个是挑水哥哥。传说，挑水哥哥姓白，原本是早年间在天后宫附近挑担送水的水夫。他不仅精通巫术，而且他挑来的水还能够浇灭天花，确保孩子们能够健康成长。

天花疾病具有传染性强、传播速度快的特点，患者轻则发热起疹，重则危及生命。当时医疗水平有限，所以百姓们都会来到天后宫祈求挑水哥哥帮忙，浇灭天花，驱走疾病。

泰山娘娘殿的神灵有泰山娘娘、河伯、雷公、马王爷、文昌和魁星、张仙爷、土地爷。

泰山娘娘，就是碧霞元君。据说她是东岳大帝的女儿，掌管群山的安危，同时也肩负着保护山矿开采者生命安全的重任。

泰山娘娘的信仰最早可追溯到宋元时期，在明清两代较为兴盛。传说，泰山娘娘有庇护众生、扶危济困，拥有消灾祛疾、赐子佑婴的神力。每年农历四月二十八泰山娘娘华诞，各地信众都要举行盛大的庆寿活动，以此来酬谢泰山娘娘的灵应九州岛，恩泽四海。

水神和河神崇拜一直都深入人心，是最受百姓尊重的神明之一。据说河神长得很漂亮是个少见的美男子，人面鱼身宛如西方美丽的美人鱼。

河神又称河伯，民间传说确有其人。他原名冯夷，为人心直口快、性情刚直、乐于助人，平日靠打渔为生。但天有不测风云，有一次他在下河救人的时候不幸身亡了。

因为他生前做了很多好事，于是天庭将他封为了河神，治理河道，保佑人们安居乐业。

其实河神崇拜还有一个原因，就是在我国历史上，百姓一直遭受到河水泛滥、改道等灾难的侵害，所以希望通过奉祀河神获得平安。

另外，我国是一个十分重视河道的国家，修建郑国渠、开凿京杭大运河等水利设施历来就是国家头等大事，以至于朝廷历时几代人去修缮。

并且水乃生命之源，与百姓生活息息相关，而河伯作为掌管河水的神，地位就尤显重要。因此，奉祀河伯便成为了老百姓生活中的一部分，尤其是那些靠河捕捞为业的人们，对河伯更是充满着敬畏和感激之情。

雷公也是天后宫配殿祭祀的神灵之一，自古以来专供雷公、电母的庙宇并不多见，他们一般都是

■ 天津天后宫戏楼

人间天宫

非凡造诣的妈祖庙宇

天津天后宫碑刻

借庙而居、依祠而安。

对于雷公的崇拜最早可以追溯到战国时期，在《山海经》《大荒东经》中均对雷公有记载。据传雷公是一位大力士，祖胸露怀，后背长着一双翅膀，一副威风八面的样子。他能预知天气变化，司职响雷，在民间神话中经常与电母成双出现。

唐宋文人的笔记中，有很多关于大雷雨后，雷神从空而降、霹打不孝子和不法商人等故事。这些故事都反映出人们对雷神既存有敬畏心理，又寄托主持正义的愿望。

在配殿中供奉的还有马王爷。相传，马王爷，全称"灵官马元帅"。本是如来佛身边的侍从，后来玉皇大帝派遣他去掌管天宫中的马匹。

民间传说，马王爷是一名三目四臂全副盔甲的武将，他经常驾驭天马行走于天宫之中查看人间善恶，造福于众生。

对于文昌与魁星，我国自古就有读书人祈文昌、求魁星之说，道教体系更是赋予二者助学业、促前程的神力。文昌星俗称文曲星，源于古代星辰崇拜。道家认为他是主宰文人墨客功名利禄之神，广受民间推崇。

魁星的职能与文昌相似。"奎"是天文学中二十八星宿之一，道学认为奎主文章。而奎与魁谐音，魁又有魁首之意，预示学子们都能在考试中一举夺魁。民间俗谚说：魁星点斗独占鳌头。

■ 天津天后宫祠堂

还有张仙爷，民间传说，张仙爷本是五代后蜀皇帝孟昶。

孟昶由于兵败宋太祖赵匡胤，不但把江山社稷拱手相让，就连与他朝夕相处的妃子——花蕊夫人也被掳去献给了宋太祖。

但是花蕊夫人不仅没有贪图皇宫内的富贵荣华，时刻不忘旧主，甚至请来宫中的画匠根据自己的描述绘制了一幅孟昶的画像悬于寝宫之内，表示对前朝君王的忠心。

后来不慎被赵匡胤发现，在情急之下她说此人是送子护幼的张仙爷，供奉他可以确保皇宫内人丁兴旺、子嗣平安。后来，后宫嫔妃们便纷纷效仿，以至

魁星 是我国神话中所说的主宰文章兴衰的神，即文昌帝君。旧时很多地方都有魁星楼、魁星阁等建筑物。由于魁星掌主文运，深受读书人的崇拜。因"魁"又有"鬼"抢"斗"之意，故魁星又被形象化成一副张牙舞爪的形象。同时还是我国古代星宿名称。

■ 天后宫石雕

土地爷 又称土地、土地神、土地公公。在道教神系中地位较低，专业名称为"福德正神"。土地爷在民间信仰极为普遍，是民间信仰中的地方保护神，流行于全国各地，旧时凡有人群居住的地方就有祀奉土地神的现象存在。土地神崇奉之盛，是由明代开始的。土地神的形象大都衣着朴实，平易近人，慈祥可亲，多为须发全白的老者。

在民间盛行。

寺庙中供奉的张仙爷多为硬身像，面庞粉白，衣着华丽，左手持弓，右手夹弹。做弯弓射箭状，善用弹弓驱赶天狗及灾星，威猛中不失慈祥。而弹与诞谐音，暗喻早生贵子，平安吉祥，深受世人的喜爱。

后来，人们又请他做小孩的保护神。于是，有的画像中，张仙爷不仅身负弹弓，而且旁边还有5个天真活泼的小孩，以喻"五子登科"之意。

昔日年关，主妇们在天后宫前请上一幅张仙爷的神像，回家后供在佛龛里。准备好香烛、蜡扦及酬神所用的鲜果糕点。

据说，是为了避免下界的天狗进入屋内吓到熟睡中的孩童，从一个侧面反映了长辈对子孙平安、家庭美满的迫切愿望。

对土地爷的供奉源于古代的"社神"，是管理一小块地面的神。土地爷神位不高但法力非凡，他也是最贴近百姓生活的神之一，民间信众颇多。

在一般民间的信仰中，神明多半会有明确的出身，但土地神的出处却有很多。其中一个传说，说在周朝一位官吏张福德，自小聪颖至孝，36岁时，官至朝廷总税官，为官廉正，勤政爱民，去世时102岁。

有一贫户因为受到过张福德的帮助，所以用4块大石围成了一个石屋来奉祀他。不久之后，这个贫户就由贫转富了。

百姓认为是张福德保佑赐予了财富，就合资建庙并塑金身膜拜他，并取其名而尊为"福德正神"，后来生意人经常祭祀他，以求生意发展。

除此之外，土地爷还兼有安葬亡灵的职责。旧时有些地方，生下孩子的第一件事是提着酒到土地庙"报户口"。死了人的第一件事是死者在下葬之前，家属要到土地庙"报丧"。在民间传说中，死去的鬼魂要由土地神送往城隍。

同时，在古代劳动人民心中，土地是他们赖以生存的地方，是土地生长出五谷，养育了他们，所以人民才会格外地祭祀土地。

土地神崇拜的兴盛是由明代开始的。在明代，土地庙特别多，百姓们也格外尊重土地神，其实这与明太祖朱元璋有关系。

在明人笔记《琅玡漫抄》中记载说，朱元璋就是生于土地庙。因此，在明代，小小的土地庙备受崇敬。而天津在明代是政治经济的大动脉，所以

天狗 我国民间传说中的一种动物。最早记载于《山海经》中，天狗是种像狐狸而头部白色的动物，并是御凶的吉兽，很可能是某种古代哺乳类动物，是真实存在过的。但后来演变成用来形容彗星和流星，古人将天空奔星视为大不吉，所以天狗也变成了凶星的称谓。

民俗博物馆

天津天后宫

■ 天津天后宫石狮子

天津天后娘娘像

天后宫里供奉土地神也是在情理之中的事情。

在天后宫配殿中比较有名的还有启圣祠。启圣祠是供奉天后娘娘父母的殿宇。妈祖林默有着显赫的家世，家族中有9人先后在福建担任刺史，故有九牧林氏之称。

父亲林愿在福建任都巡检，母亲王氏整日礼佛极为虔诚，夫妇二人每日行善积德，从不计较个人得失，赢得了邻里的好评。

古人云："百善孝为先"，尊崇孝道是中华民族的性，并且孝悌文化是中华思想道德体系的基础，也是中华民族传统美德中最为核心的价值取向，所以建造了启圣祠。

阅读链接

有一个关于妈祖配殿土地神的传说，说周朝上大夫的家里有一名仆人名叫张福德。他的主人赴远地就官了，留下了家中的幼女。

后来，张福德带着主人的幼女去寻找他的父亲，路途中不幸遇到暴风雪，张福德就把自己的衣服了主人的女儿，他最终冻死在途中。

张福德临终时，空中出现"南天门大仙福德正神"9字，后来张福德的主人知道了这件事，因感念他的忠诚，就为他建造了庙宇奉祀。

饱含美好祈愿的求子风俗

在天后宫正殿的神龛里，天后圣母慈眉善目，仪态端祥，凤冠霞帔。她的左右立着四彩衣侍女，其中两个侍女手执长柄扇遮护天后，另外两个侍女一个捧宝瓶，一个捧印绶。

在神像前的供桌上，则摆满了香客们供奉的贡品。在天后的祭祀

■ 天津天后宫正殿

天津天后宫藏经阁

崇拜中，船户们在出海之前往往将船做成模型奉送给天后，希望妈祖保佑他们出海平安。

在神像的上方悬挂着3块匾额，中间一块写着"垂佑瀛壖"，意思是希望妈祖能赐福沿海。两旁分别写着"盛德在水"和"万里波平"，意思都是歌颂妈祖的圣德。

在正殿的墙壁上还有一块引人注目的匾额，上面写着"四海同光"。这是台湾北港朝天宫赠给天津天后宫留念的匾额。

除此以外，老天津人还有在天后宫求子的习俗，过去夫妇婚后无子，会到天后宫祭拜后用红线拴一个泥娃娃回家供奉，称为"娃娃大哥"，就是长子，日后即使生下长子也要排行老二。

并且"娃娃大哥"每年还要拿去"洗澡"，寓意每年长大一点，这也是老天津的民间信仰之一。以"拴娃娃"作为求子习俗，历史上早就已经出现了。是以女娲"抟黄土造人"为基础，又经过民间的一步步演变，所以形成了拴娃娃这个求子习俗。

天津的拴娃娃虽然受多元文化影响，历史上也供奉诸如观音、碧霞元君、王母娘娘等孕育之神，但更多的妇女则以天后娘娘作为司孕育的主神供奉。清周楚良的《津门竹枝词》说：

> 儿女欢欣眄岁除，娘娘宫里众纷如……十方弟子为祈儿……
>
> 娘娘次号送生神，哄得孩儿降世尘，转面狰狞相恐吓，防他依恋不离身。

因此在天后宫，不但子孙娘娘和送生娘娘成为了天后娘娘麾下协助天后娘娘的配祀神灵了，而且主殿所设观音神龛或是"观音堂"，也都以陪祀的地位存在。由此可见天后娘娘在妇女们的心目中已代表了其余诸神，其地位之崇高，可想而知。

每逢初一和十五的开庙之际，那些婚后未育的妇女们，便会蜂拥而至，向天后娘娘焚香膜拜后，用红线拴走子孙娘娘像前的一个小泥娃娃，口中念念有词："好孩子，跟妈妈回家。"

有的妇女在拴一个泥娃娃之后，仍嫌不足，趁着道士不注意，偷

■天津天后宫

天津天后宫香火

偷又拿走一个，揣进怀里。这正应了天津的另一个习俗——偷娃娃。

但是无论是拴娃娃也好，偷娃娃也罢，那些妇女一旦生育，便认为是天后娘娘赐予的，在婴儿百日之内，要到天后宫还愿。还愿的时候除焚香礼拜外，还要送回99个小泥娃娃，放在子孙娘娘像前，供其他妇女再去拴或偷。

妇女"拴娃娃"之后，仍未生育，怎么办呢？聪明的天津人又兴起了一个新的行当，就是"洗娃娃"。妇女从天后宫拴来娃娃，仍未生育，但这泥娃娃也是天后娘娘赐予的，进了家门就如亲生一般，称为娃娃大哥。

"孩子"要年年长大，因此每年要把娃娃大哥送到娃娃铺去"洗"一次，也就是再换个大一点的。在清末，天津娃娃铺几乎都集中在天后宫以南的袜子胡同一带，有四家最著名的塑像店，即墨稼斋马家、凤鸣斋张家、纯古斋周家和笔耕斋刘家。

几家店铺所塑娃娃均呈坐姿，胳膊屈伸，两掌朝上，但面部的塑画却见功夫。一般面部塑造都采用面模翻制工艺，点活眉眼，再施以彩画。

娃娃分为两大类。一类是席地而坐呈坐姿的，从五寸开始，最大为一尺二寸。久婚未育的妇女，从天后宫拴来娃娃后，每年送来"洗"一次，娃娃变大一寸，如果日后有所生养，"娃娃大哥"的辈分也不得僭越。在天津还有"娃娃大哥坐炕头，老大吃喝不用愁"的说法，表明娃娃大哥的独特身份。

第二类的坐像，因为变了辈分，由"娃娃大哥"而改称"娃娃大爷""娃娃太爷""娃娃大太爷"等。

端坐在太师椅上，身穿蓝色大袍，黑色马褂，黑鞋白袜，头戴红疙瘩黑帽儿。先是黑胡，随年龄和辈分变大，而改白胡。

天后宫的"拴娃娃"和"洗娃娃"，旧时直接关系着生活在最底层的妇女命运，尤其为久婚未育的妇女带来希望和勇气。

在当时的历史条件下，为稳定婚姻、家庭起到一些积极作用。天津的"洗娃娃"因其具有浓郁的地方特色和艺术风格，故又被冠以"天津娃娃"之美称，在妈祖文化中占有一席之地。

阅读链接

妈祖庙拴娃娃的习俗，来源于女娲造人的古老传说。

传说开天辟地以后，大神女娲行走在莽莽的原野上，感到非常孤独。她觉得在这天地之间，应该添一点什么东西进去，让它生气蓬勃起来才好。

于是，她就拿起一团黄泥，掺和了水，在手里揉着。不一会，她就揉成了一个娃娃模样的小东西。她把这个小泥人放到地面上，没想到刚一接触地面，小泥人就活了起来，开口就喊："妈妈！"

后来妈祖成为司孕育的女神，人们为了向妈祖求得孩子，便也仿造女娲所造的小泥人，放在妈祖脚边，再从妈祖脚边用红线拴走，代表孩子跟自己回家了。

不断丰富的天后宫文化

　　初期海员们会在天后宫祭祀海神天后，举办酬神演出和聚会，并且水工、船夫和官员在出海或漕粮到达时，也都向天后祈福求安。

　　后来，居家百姓没钱的也来求财，没子的求子，有病的祈免病

■ 天津天后宫庙宇

■ 天津天后宫庭院

灾。这不仅表明古人对无法克服海洋、江河险难而求助神灵的迫切心理，也反映了苦难民众的古朴文化心态，即借助天后凝聚和抚慰着众人心。

每逢天后诞辰日，天后宫都要举行"天后出巡散福"皇会表演。这时候，百戏云集、万人空巷。元代张翥有首诗《代祀天妃角次直沽作》描写了朝廷官员身着宫袍祭祀妈祖的盛况：

晓日三汊口，连樯集万艘。
普天均雨露，大海静波涛。
入庙灵风肃，焚香瑞气高。
使臣三奠毕，喜色满宫袍。

元代朝廷封了天妃，又派官员代祀，可见上层人对天后娘娘的尊重。后来，祭祀的人更加多了起来，

酬神 清代民间为酬谢神的佑护，常常以歌舞、杂剧、鼓乐等形式举行活动，这种活动称为酬神。随着民间崇神、祭神内容的不断扩大，及民间崇神的地域色彩的不断加剧，宋代以后，酬神活动逐渐成为一种民间娱乐项目。

■ 天津天后宫建筑

其中最多的是船户，清人汪沆《津门杂事诗》中说：

> 天后宫前舶贾船，相呼郎罢祷神筵。

清人蒋诗在《沽河杂吟》中写道：

> 刘家巷里如云舶，部祷灵慈天后宫。

他们描写的都是江海船工祭祀天后的热闹情景。农民也来给天后娘娘进香。

后来到了清代，天津天后宫的香火依然繁盛，有清人崔旭所作的《津门百吟》中就总结了百姓们奉祀天后的情形。诗道：

> 飞翻海上着朱衣，天后加封古所稀。
> 六百年来垂庙貌，海津元代祀天妃。

壁画 指绘在建筑物的墙壁或天花板上的图案。壁画是最古老的绘画形式之一，如原始社会人类在洞壁上刻画各种图形，以记事表情，这便是流传最早的壁画，我国作为文明古国保存了不少古代壁画。

天津天后宫建立后，一直香火很盛。船户来往必定祭祀，远近百姓多来祈福，热闹非凡。这首诗就概括了多年来从朝廷到民间敬奉天后的历史。

随着时代的发展，天后宫渐渐成为了天津民俗文化的发祥地和天津城市发展的历史见证，"先有天后宫，后有天津卫"是对天津天后宫历史地位通俗而生动的概括。

后来天津天后宫被辟为天津市民俗博物馆。每两年都会举办"中国·天津妈祖文化旅游节"，那时台湾、香港、澳门及海内外宾朋近千人云集天后宫。

天津著名画家蔡长奎先生在天后宫的主殿描绘了一幅壁画，被称为"天后圣迹图"。这幅壁画在正殿的南北两墙上，长将近14米，宽将近3米，这幅壁画是首次以天后生平传说为内容而绘制的壁画，非常宝贵。

崔旭 字晓林，号念堂，清代直隶天津府庆云人，1826任山西省蒲县知县，后兼理大宁县事，政声卓著，深受乡民爱戴。后因病引退归里，潜心著书。因为他是天津人，所以诗集中有很多对天津天后宫的描述。

■ 天津天后宫建筑

■ 天津天后宫宫门

该壁画第一卷为"天后降生至升天得道"的故事，第二卷是"钱塘阻潮至敕封天后"的故事，该壁画内容磅礴多姿，以传统壁画艺术为主，把天上、地下、大海、人、神有机地结合在一起，使视觉空间广阔，再现了"海神"灵迹。

壁画共描述了天后故事，人物近300余个，造像生动，线条流畅，色彩典雅又带华丽，给人以强烈的视觉冲击，达到教人、育人的目的，也更加增添了天后宫的文化内涵。

在天后圣母诞辰1052周年期间，天津天后宫特别将供奉天后娘娘林默父母的神殿启圣祠，装饰一新，并在殿旁两侧竖立起了"二十四孝"图。

阅读链接

在清代，每逢天后的诞辰，天津的民间便会举行法鼓会、大乐会、鹤龄会、重阁会、中幡会和高跷会等活动，为天后庆祝生日，场面非常热闹，人们称之为"娘娘会"。

有一次乾隆帝乘船下江南路过天津，提出要看"娘娘会"。当时，乾隆皇帝的船停泊在三岔口，沿街表演的各种技艺从船前经过，精彩纷呈，乾隆皇帝非常高兴。

其中，乾隆皇帝格外喜欢法鼓会和鹤龄会的表演，于是赏给4名鼓手各一件黄马褂，给4名鹤童各一个金项圈。

另外，乾隆皇帝还对"娘娘会"的组织安排大加称赞，赏给"娘娘会"的组织人员两面龙旗。从此以后"娘娘会"便易名为"皇会"了。

妈阁庙

　　澳门妈阁庙原称妈祖阁，俗称天后庙，位于澳门的东南方，枕山临海，依崖而建，周围古木参天，风光绮丽，是澳门最著名的名胜古迹之一。

　　妈阁庙初建于明朝弘治元年，即1488年，距今已有500多年的历史。主要建筑有正殿、弘仁殿、观音阁和正觉禅林，是澳门历史最悠久的古刹。

　　妈阁庙石狮镇门、飞檐凌空，是一座富有我国文化特色的古建筑，也是我国中外文化融合的起点。

妈阁庙中的神山第一殿

澳门妈阁庙原称妈祖阁，又名正觉禅林、海觉寺、妈祖庙、天后庙，位于澳门半岛南端妈祖山下，始建于明朝弘治元年，也就是1488年，至今已有500多年历史。是为纪念被信众尊奉为海上保护女神的天后娘娘而建。

妈阁庙是澳门现存庙宇中有明确实物可考的最古老的庙宇，与普济禅院和莲峰庙并称为澳门三大禅院，并且为三大禅院之首，也是澳门文物中原建筑物存留下来时间最长的名胜古迹之一。

整座庙宇包括大殿、弘仁殿、观音阁、正觉禅林等几座主要建筑，石狮镇门、飞檐凌空，是一座

■ 澳门妈祖庙飞檐

富有中国文化特色的古建筑。

■ 澳门妈祖阁楹联

妈阁庙的大门为一牌楼式花岗石建筑，宽近5米，只开有一个门洞，门楣上有"妈祖阁"3个金字，两侧书有对联。联道：

德周化守；
泽润生民。

大门顶部有琉璃瓦顶等装饰，其中门楣顶部为飞檐状屋脊，脊上有瓷制宝珠及鳌鱼为装饰。在庙门口有一对石狮，这对石狮雕工精美，栩栩如生，是后来清人的杰作。石狮镇门、飞檐凌空，形成了一座富有我国文化特色的古建筑。

紧跟在大门之后的为一座三间四柱的冲天式牌坊，由花岗石建造而成，4只石狮分置在柱头上。在

普济禅院 俗称观音堂，是位于澳门特别行政区最大的禅院与最具规模的庙宇。普济禅院为我国古翚飞式的佛教建筑，保存着明清南方庙宇的特色。与妈阁庙、莲峰庙并称为澳门三大古庙。

琉璃 琉璃指蓝色。琉璃瓦指施以各种颜色釉并在较高温度下烧成的上釉的瓦。流光溢彩的琉璃瓦是我国传统的建筑物件，通常施以金黄、翠绿、碧蓝等彩色铅釉，因材料坚固、色彩鲜艳、釉色光润，一直是建筑陶瓷材料中流芳百世的骄子。我国早在南北朝时期就在建筑上使用琉璃瓦件作为装饰物。

牌坊后，妈祖阁的庭院内有一块名为"洋船石"的巨石，上刻着一艘古代海船，船的桅杆上挂着一面写有"利涉大川"的幡旗，还有"一帆风顺"的图景。

传说上面记载的是清代一位福建商人，乘船来澳门途中遇到风浪，幸得妈祖相救，转危为安的故事。

正殿为供奉天后的神殿，有"神山第一殿"的美称。它和正门建筑、牌坊至致在半山腰上的弘仁殿在空间上成一直线，体现了我国传统建筑文化特色。

正殿建筑主要由花岗石及砖头砌筑而成，其中花岗石作主导。无论柱、梁、部分墙身以至屋顶均是由花岗石修筑成的，两边的墙体都开有琉璃花砖方形窗户，而在较高位置的气窗，则为圆形。

在由花岗石造成的屋顶上又铺设琉璃瓦顶，并以夸张的飞檐装饰正脊和垂脊。不仅如此，其屋顶造型还分为两部分，在朝拜区的屋顶以歇山卷棚顶的

■ 妈祖庙弘仁殿

■ 澳门妈祖庙牌坊

形式，而在神龛区上方的琉璃屋顶则为重檐庑殿的形式，飞檐纯朴有力。

妈阁庙建筑物中规模最小的弘仁殿建于1488年的明代，是一座3平方米的小形石殿，其门口石横梁至今仍存初建时的石刻"弘仁殿"3字，而旁边的题款则为清道光八年，即1828年。

弘仁殿以山上的岩石作为后墙，再以花岗石作屋顶及两边墙身。天后神像则置于山石前，与正殿神龛区做法一样，在殿内供奉天后，在两侧的墙上有天后之侍女和神将的浮雕，而在石屋顶上有绿色琉璃瓦和飞檐式屋脊装饰。

观音阁位于妈祖阁的最高处，建于1605年，当时由官方与商户合资筹建。主要由砖石构筑而成，其建筑较为简朴，为硬山式做法。该殿也是供奉天后的，阁内存留下来了一块1828年重修时的木匾。

飞檐 我国传统建筑檐部形式之一，多指屋檐特别是屋角的檐部向上翘起，如飞举之势，常用在亭、台、楼、阁、宫殿或庙宇等建筑的屋顶转角处，四角翘伸，形如飞鸟展翅，轻盈活泼，所以也常被称为飞檐翘角。飞檐是我国建筑民族风格的重要表现之一，通过檐部上的这种特殊处理和创造，增添了建筑物向上的动感。

■ 妈祖庙摩崖石刻

　　1629年，妈祖阁又再重修。此外，自弘仁殿至观音阁，沿着山崖有不少石刻，成为骚人墨客遣兴之地，楷草篆隶，诸体具备。

　　这些摩崖石刻，出现在各具特色的建筑物之间，有石阶和曲径相通，四周苍郁的古树，错杂的花木，纵横的岩石，还有庄严的古庙，这些都巧妙地结合在一起，显得古朴典雅，极富民族特色。

阅读链接

　　关于妈阁庙的建造还有另外一个说法。在明朝万历年间，有一帮福建商人运货到澳门，船快要驶到港口的时候突然遇到了台风，海面浪涛汹涌，眼看船只就要倾覆。

　　这时商人想到，在岸上的时候听说妈祖有预测能力和神通，经常在海上搭救遇难船只，是海上的守护神。

　　于是他们急忙向妈祖祈祷，求妈祖显灵。果然有一女神出现在对面山上的云端，锦袖一挥，立时风平浪静。人们因感其恩德，尊为海神、天后，并立庙奉祀。

具有闽南特色的正觉禅林

正觉禅林是妈阁庙中规模最大的建筑，建于1828年的清代，内中供奉天后。正觉禅林位于建筑群最前方且与正殿同在一个平台上，不管在规模上或是在建筑形式上都非常讲究，由供奉天后的神殿和静修区组成。

神殿是四架梁结构，主殿前有一内院，两侧侧廊为卷棚式屋顶，主殿被两列的各3个支柱分为3个开间。

主殿的屋顶是琉璃瓦坡顶，两边侧墙顶部为金字形

妈祖大殿入口

镶耳山墙，具有浓烈的闽南特色，还有防火功能。

山墙位于内院前之正立面，由左至右可以分为五个部分，中间最高两边渐低，墙身有泥塑装饰，墙顶则以琉璃瓦装饰，而在琉璃瓦檐下是三层象征斗拱的花饰。

此外，中间部分尚开有一半径为一米多圆形窗洞，而琉璃瓦顶上之飞檐和瓷制宝珠装饰，亦显示出此殿之重要性。

静修区的建筑为一般民房，属硬山式砖结构。

另外，在正觉禅林中还发生过一件有着传奇色彩的事件。妈阁庙曾经发生过一场大火，澳门居民一说起这件事，仍记忆犹新。

那天，庙内的正觉禅林深夜的时候突然起了大火，整个殿宇都被烧塌了，塌下的横梁掉在神像的跟前，但是在神龛中央的妈祖神像仅仅是被烟火熏黑

除夕 我国传统节日中最重大的节日之一，指农历一年最后一天的晚上，即春节前一天晚，又称该日为年三十。一年的最后一天叫"岁除"，那天晚上叫"除夕"。除夕时人们往往通宵不眠，叫守岁。

■ 澳门妈祖阁庙石刻

了，<u>丝毫无损</u>。人们都说是妈祖显灵了，从此以后妈阁庙的香火更繁盛了。

妈阁庙的香火一直都非常旺盛。无论是远来的香客还是当地的人，都会在这里进香朝拜，祈求平安幸福。特别是每年农历除夕和农历三月二十三"天后"神诞，妈阁庙更是香火繁盛。

每当这个时候，祀拜祈福的善男信女们络绎不绝，场面十分热闹。并且由于烧香的缘故，妈阁庙上会有紫烟缭绕，一派祥和，人们称它"妈阁紫烟"，后来这也成为了澳门八景之一。

诞期前后，在庙前的空地上也会盖搭一大竹棚，作为临时舞台，上演神功戏。

后来，在澳门最高点路环岛的叠石塘山顶，又落成了全世界最高的妈祖雕像。这尊雕像高19.99米，是由120块汉白玉石镶嵌而成，其中妈祖脸部由一块完整的汉白玉石雕刻而成。

妈祖雕像重达500多吨，全身晶莹洁白，而容颜慈祥温和，远眺澳门海面，犹如时刻深情地关注着澳门。因为这尊雕像矗立在澳门的最高点，所以无论从海面或还是陆地，都清晰可见。

由于妈祖拥有博大慈爱的襟怀和救苦救难的高尚

■ 澳门妈祖阁内景

澳门八景 最能代表澳门特色的8个景点，有镜海长虹、妈阁紫烟、三巴圣迹、普济寻幽、灯塔松涛、卢园探胜、龙环葡韵、黑沙踏浪。

神功戏 传统节日中，百姓为了酬谢神恩会举行一连串庆祝活动，如舞龙舞狮、放鞭炮，更会筹集资金聘请戏班演出戏曲作为主要庆祝活动，这就叫神功戏。

澳门妈祖阁

品德，人们为了表达对她的崇敬，1000多年来赋予她诸多神奇的色彩和美丽的传说。中华儿女也从妈祖的传奇故事中体会到了中华民族的传统美德，看到了我国优秀文化的光彩。

经过千年的演绎，妈祖文化已成为中华民族优秀传统文化的重要组成部分，妈祖也是海峡两岸及全球华人共同敬重的海上女神。联合国授予中国妈祖"和平女神"的称号。

妈祖信仰已经成为联络海内外、沟通全世界的桥梁和纽带，也成为了凝聚着千千万万海内外中华子孙爱国爱乡、虔诚向善的心愿女神。

阅读链接

相传多年前，葡萄牙人第一次抵达澳门的时候，是在妈阁庙前对面的海岬登岸的。

葡萄牙人登岸后，注意到了妈阁庙，觉得所到达的这个地方十分新奇。于是葡萄牙人便询问当地的居民这个地方的地名和历史。但是由于语言不通，居民误以为他们询问的是这个庙宇的名字，就回答道："妈阁。"

所以葡萄牙人便以为这个地方叫"MACAU"，这便是澳门葡文名称的由来。

北港朝天宫

　　北港朝天宫位于我国台湾云林北港镇，俗称北港妈祖庙或天后宫，主要奉祀妈祖，是台湾妈祖的总庙。

　　北港朝天宫最早创建于1694年，是树壁和尚从湄洲朝天阁恭请妈祖来台后在笨港建立的，当时是一座供人们奉祀的小祠。

　　在1700年的清代，由地方士绅捐资扩建祠庙，称为"天妃庙"。后来经过不断扩建，便改名为"北港朝天宫"。因神迹灵验，成为了台湾妈祖信仰的龙头大庙。

妈祖来台后香火日益兴旺

　　1694年，有一个和尚名叫树壁，他从福建湄洲天后宫恭请了一尊妈祖神像到台湾。他在北港上岸后，为了供奉妈祖，就在笨港，后来称"北港"的地方建立了一个小小的祠，名为妈祖庙。

■ 南京朝天宫内景

■ 妈祖庙妈祖塑像

到了1700年，地方士绅捐资重建了妈祖庙，并取名为"天妃庙"。1730年，妈祖庙又经过扩建后，更名为"笨港天后宫"。

后来在《重修诸罗县笨港天后宫碑记》中说：

> 天后宫建自雍正庚戌年，岁修于乾隆辛未年……

碑记中的雍正庚戌年，也就是雍正八年，即1730年，这说明在1730年以前，笨港妈祖庙仍是一座小祠，在1730年重建后，才具有了一定的规模，才称为笨港天后宫。

在乾隆年间，笨港天后宫又经历了两次重建。第二次重建在1774年，当时由笨港县丞薛肇熿捐俸倡议重修，由贡生陈瑞玉和监生蔡大成等人负责募捐。重

贡生 科举时代，挑选府、州、县秀才中成绩或资格优异者，升入京师的国子监读书的人称为贡生。意谓以人才贡献给皇帝。明代有岁贡、选贡、恩贡和细贡；清代有恩贡、拔贡、副贡、岁贡、优贡和例贡。清代贡生，别称"明经"。

修完成后，笨港天后宫的建筑为正殿和观音殿，并竖立了《重修诸罗县笨港天后宫碑记》。

笨港天后宫正殿又称圣母殿，内中供奉的是天后妈祖。这尊妈祖神像就是树璧和尚亲自前往福建湄洲天后宫请来台湾的。

这是一尊宋代雕塑的软身妈祖神像。软身神像是一种装置有关节、四肢可活动的神像，通常为木雕。

在正殿殿内各处因为香火太盛，皆被熏成乌黑。神桌底下有一口古井，被称为龙口吉穴，相传朝天宫就是因为这口井而香火不绝。

立于神龛两侧的是千里眼和顺风耳两位神将。它们形貌奇特，神态威武，是妈祖的护将。正殿两侧厢房则分祀注生娘娘，即送子妈，还有境主公，即土地公。

在观音殿内，奉祀的主神是观音和佛祖，配祀是

■ 观音殿建筑

善才和良女，在左右两侧还供奉有十八罗汉。

右侧分别为降龙尊者、百纳尊者、进香尊者、弥勒尊者、志公尊者、开心尊者、达摩祖师、飞铍尊者和目莲尊者。

左侧分别为伏虎尊者、优婆尊者、进花尊者、进灯尊者、梁武帝、长眉尊者、进果尊者、戏狮尊者和洗耳尊者。

笨港天后宫香火一直鼎盛。香火为世代相传、同源同脉之意，取香火是为寻根溯源又称为割香、割火、掬火、会香等。

各地信众及分灵的庙宇众多，所以每年进香盛期，都会在朝天宫正殿举行庄严隆重的刈火仪式。

在刈火仪式的时候会遵照古礼，由住持法师诵经并恭读吉祥文疏，念完以后，会在万年香火炉内焚香烧金，然后由住持法师将香灰舀至一旁的香炉内，再将前来刈火的庙宇香炉予以封闭，带回自己庙宇内，这就是刈火仪式。

也正是因为朝天宫的香火来自湄洲祖庙，人们觉得非常灵验，所以后来海内外各地纷纷前来朝天宫分灵、分香供奉。他们每年所带回去的不只是香火，还有虔诚的祝福。

后来因为笨港天后宫本身就是从湄洲妈祖庙的朝天阁分灵来的，为了纪念这件事，笨港天后宫改名为了朝天宫。后来，随着笨港改称"北港"后，"笨港朝天宫"也随之改称"北港朝天宫"了。

阅读链接

通霄白沙屯妈祖每年都会到北港朝天宫取回香火。在民间信仰中取香火仪典有诸多方式，其中以香担最为隆重。

香担是指将香炉存放香担内，香担贴上封条，香担留有一小圆孔，以便添加檀香木延续香火，不让炉内香火熄灭。

朝天宫的这座万年香火炉就担当了传递香火的重任，使万年香火永不熄灭。

著名的孝子钉和三川殿

妈祖庙雕像

在北港朝天宫的观音佛祖殿前石阶上有一枚孝子钉，并且流传着一个真实的故事。这个故事是发生在清代。

1821年至1850年的清代道光年间，在福建泉州的南安有一个有名的孝子姓萧。因家境清贫，他的父亲便独自一人前往台湾谋生。

一转眼数年过去了，萧孝子的父亲一直都没有回乡，而且音讯全无。思亲心切的他准备随母亲偷渡去台湾寻找父亲。

当时朝廷为了防止人们偷渡前往台湾，在北港设置了水陆讯兵。

■ 妈祖像

萧孝子母子只好在外海沙汀下了船，涉水走上岸去。但是在上岸的过程中，他们突然遭到了激流，分散了。

萧孝子很幸运得到了渔夫的帮助，被救上了岸。上岸后，萧孝子就跟着渔夫到北港寻找父母的下落。过了很多天，萧孝子的父母依然没有任何消息。

在萧孝子几乎绝望的时候，他突然听说朝天宫的妈祖非常灵验，于是就跑到朝天宫向妈祖奉香跪拜，虔诚祷告说："圣母如肯庇佑寻得父母，铁钉则能贯入石中。"

祷告完毕，萧孝子就拿出一根钉子，想要钉入殿前的石阶。说也奇怪，本来极易弯曲的铁钉，竟然轻易地没入了坚硬的青石之中。人们都觉得是他的孝心感动了妈祖，所以称那颗钉子为孝子钉。

朝廷 在我国古代，被一些诸侯、王国统领等共同拥戴的最高统领者，从而建立起来的一种统治机构的总称。在这种政治制度下，统领者一般被称为皇帝。朝廷后来指帝王接见大臣和处理政务的地方，也代指帝王。

■ 妈祖庙塑像

不久之后，当地的一个花生油行的主人听说了萧孝子钉的事，想要帮助萧孝子寻找亲人，于是就雇用萧孝子来到油行当伙计。这样萧孝子不仅可以养活自己，还可以从买油的人那里打听亲人的下落。

皇天不负苦心人，有一天，麦寮的一个商人来买油的时候，说到数月前在岸边救了一个妇人，萧孝子得知后，急忙随该商人往麦寮探询，果然是萧孝子的母亲。

母子重逢后，萧孝子便将母亲接到自己的住处，并且一同前往朝天宫答谢了妈祖。

后来一个偶然的机会，彰化的一个商人来到北港想要向妈祖进香。进香之后听说了"孝子钉"的事，由于好奇，就前往探访了萧孝子母子。非常意外的是，萧孝子与他竟然是表亲，并且他知道萧孝子父亲的住所。

于是萧孝子母子赶忙跟着表亲前往萧孝子父亲的住处，一家三口重逢，恍然如梦，悲喜交加，终于达成了数十年来的亲人团聚的愿望。后来，这枚孝子钉便一直在观音殿外的石阶上，被流传了下来。

北港朝天宫的前殿，包括中央的三川殿及两侧的龙虎门。"三川殿"就是3个门并列成川字的意思。按古制，诰封王、妃或将军级的神祇可以使用三川殿，若是帝后级则可以配5个门。

诰封 诰命封赏。在我国古代，对文武官员及其先代妻室赠予爵位名号时，皇帝命令有诰命与敕命之分，五品以上授诰命，称诰封。六品以下授敕命，称敕封。

三川殿的建筑一向被视为庙宇中雕琢最丰富的殿堂，整个建筑群中最细腻的功夫都在此展现了出来，所以朝天宫三川殿长久以来都被建庙匠师视为最高典范。

朝天宫三川殿宽三开间，各间皆辟一门，进深也是3间，殿内采用的是九架桁和四柱法的建筑形式，前后对称，是一种非常严谨的建筑栋架。在前步口有精致的花篮吊筒，共有两对，并且两吊筒连接在一起，塑造了入口的华丽气氛。

中门上方的栋架称为架内，朝天宫采用二支通梁及三颗瓜筒的形式，所用木材壮硕饱满，瓜筒用金瓜形，瓜脚包住通梁肚，称之为"趖瓜"，具有巩固结构及加强装饰的作用。

在趖瓜筒上雕有老鼠咬金瓜，意味上天仁民爱物，赏赐金瓜给老鼠。在瓜上并雕有磬牌，是取谐音为"庆"。

朝天宫三川殿栋架用料非常结实，连斗拱也是用厚料组成。拱身多使用陈应彬擅长的"螭虎拱"，拱身作螭龙形。

■妈祖庙毓秀坤元

■ 朝天宫雕塑

　　在门楣上的"排楼斗拱"，使用"米字形"的斜拱，亦兼具巩固及装饰作用，斗顶以八仙人物装饰。后步口出现螃蟹形之斗座，其中一只见到背甲，一只见到腹甲，并暗藏三元及第文字，此为取自古代"科甲"与"及第"的寓意。

　　三川殿在后来毁于大火，存留下来的是由清代名匠陈应彬所建。

阅读链接

　　北港朝天宫三川殿的屋顶重檐歇山式，这是一种外观上两层屋檐，而内部是一层的特殊形式。我国古代建筑求外观壮丽，较重要且神圣的殿堂常作成重檐式。

　　朝天宫三川殿的中央明间升起，比左右次间高出近一尺，如此可突显中央屋顶，使屋脊高低错落的变化更多姿多彩。

　　当然，另外一个实际的作用可使室内不致太暗，且可将香火的烟气从上下檐间的空档自然地排出去，这是很成熟的屋顶形式。

重修后的朝天宫与妈祖香会

　　1852年，清朝著名将领王得禄的次子王朝纶和嘉义县训导蔡如璋对朝天宫进行了重修。此次重修扩建了拜亭与东西两厢廊，形成了四进三院的建筑格局。

■ 台湾妈祖像

■ 观音寺观音塑像

1905年，台湾发生地震，朝天宫大殿破损，亭台倒塌，后经民众募得巨资重修。重修后的北港朝天宫的建筑具有相当大的传统特色，为宫殿式建筑群，四落八殿、一埕七院的规模，十分宽广。

四落分别为三川殿、正殿、观音殿和圣父母殿，八殿则为三川殿、正殿、观音殿、三官殿、文昌殿、圣父母殿、注生娘娘和土地公。

一埕是位于三川殿和龙虎门前的庙埕，七院则是正殿前天井、凌虚阁前天井、聚奎阁前天井、观音殿前天井、三官殿前天井、文昌殿殿前天井和圣父母殿前天井等七院所构成。

在朝天宫的宫门前有一广场，石地石墙，设有正、左、右等出入口。正面入口两侧置一对小石狮，墙头有四海龙王石像。

宫门一分为三，中间是山川门，右边是龙门，左边是虎门。山川门前立有一对蟠龙巨柱，另有一对石狮。龙虎二门楹柱下各置一对石盾。在三门的墙壁上，装饰有各种各样的雕刻。

第二进为正殿，是妈祖圣母殿，进深近13米，分为前后两段。从殿外观看，正殿顶似有3层，琉璃瓦

134

人间天宫

非凡造诣的妈祖庙宇

石狮 以石头为材料雕刻而成的狮子，与麒麟、四不像一起作为古代宫殿门前的守护神，有辟邪的作用。后来，狮子造型艺术遍及寻常百姓家，即使是普通人家门旁，也可能立上一对小小的石头狮子，寓意勇武、强大和吉祥。

顶，前段屋顶翘脊上塑有麒麟送子及两只凤凰。东西两厢供奉注生娘娘、境主公和福德正神。

第三进中室为观音佛祖殿，供奉观音菩萨；右室为三界公殿，供奉三官大帝；左室为五文昌殿，供奉五文昌。

观音殿有石刻龙柱一对，刻有"乾隆乙未年腊月敬立"字样。五文昌殿阶前有双龙丹墀一块，刻有"道光庚子年阳月立"字样。

最后一进是圣父母殿和供奉历代住持神主的开山厅。宫内保存着康熙年间制作的妈祖天妃冠。

朝天宫规模宏伟，属于我国南方的宫殿式建筑，经过历代重修，留下许多精美古物，一梁一柱、片瓦粒石之间，都引人驻足观看。

除此建筑之外，妈祖的香会也蕴含着深厚的文化

蟠龙 是指我国民间传说中蛰伏在地而未升天之龙，龙的形状作盘曲环绕。在我国古代建筑中，一般把盘绕在柱上的龙和装饰在梁上、天花板上的龙均习惯地称为蟠龙。传说中，蟠龙是东海龙王的第十五个儿子，他时常偷跑到人间游玩，当他看见人间遭遇干旱，他便用法术帮助人们，从而得到人们的敬仰。

■ 妈祖庙建筑

■ 妈祖节

特色，非常有名。

妈祖崇拜是我国台湾民众的主要信仰，在台湾境内，妈祖庙不计其数，并且北港地区郊商组织经常举办妈祖会。

当时郊商组织的妈祖会分别有祖妈会金顺盛、二妈会金顺安、三妈金盛丰、布郊、敢郊金兴顺、鱼铺街金海顺和屠户金义顺等。

在每年农历正月十五，朝天宫都要举办上元祈安法会。到了晚上，由当地各业团体和学校共同举办花灯会，各地来此参观者，人山人海，将宫前广场和附近街坊挤得水泄不通。

在农历三月十九妈祖成道日，各地到此进香的队伍会长达数里。妈祖"出巡"，也就是抬妈祖塑像巡

上元 就是农历正月十五元宵节，又称春灯节，是我国汉民族传统节日。正月是农历的元月，古人称夜为"宵"，而十五又是一年中第一个月圆之夜，所以称正月十五为元宵节。又称为小正月、元夕或灯节，是春节之后的第一个重要节日。

行时，沿途还设有路祭。接送之人会手执长香，在出巡路线上守候，盛况历年不衰。

北港朝天宫于农历过年前，有一连串的祭祀活动。为迎接新年及妈祖诞辰的庆典，每年农历十二月二十由庙方清洗殿宇，将一年来的尘埃清除干净，有除旧布新的意义。

到了二十四由庙方执事者举行送神仪式，以素果祭祀神祇，恭送庙内列位诸神，并象征性的关闭庙门至祭祀典礼结束。

除夕当日晚上朝天宫会再度关闭庙门，准备正月初一子时"抢头香"的活动。当庙门开启时，信徒蜂拥而入，希望能抢得头香，为新年带来好运。

祭祀 是华夏礼典的一部分，更是儒教礼仪中最重要的部分，礼有五经，莫重于祭，是以事神致福。祭祀对象分为三类：天神、地祇、人鬼。天神称祀，地祇称祭，宗庙称享。祭祀的法则详细记载于儒教圣经《周礼》《礼记》中，并有《礼记正义》《大学衍义补》等书进行解释。

■ 妈祖节

妈祖庙雕像

在节庆习俗中，农历正月初四为"接神日"，朝天宫会再度关闭庙门，以迎接众神祇的降临。

接神仪式完成后会再开启庙门，当日并由庙方主事者抽出公签，又称"四季签"，以预测未来一年中各行各业的流年运势，公签抽出后，会张贴于三川殿内公告周知。

朝天宫于元宵节时，还会举办妈祖"迎春绕境"活动。商家为表示对妈祖信仰的虔诚，并期望妈祖能保佑生意兴隆。

在妈祖绕境时，会准备大量的炮仗置于妈祖的凤辇神轿之下，称为"炸轿"，炮仗愈多，就表示来年生意会愈好。这也是绕境活动的高潮。

阅读链接

朝天宫中有妈祖文化大楼，位于朝天宫庙后侧，文化大楼的屋顶是中式古色古香庭园回廊景观公园，面积近千坪，景观公园顶楼上竖立一尊石雕妈祖像，神像手持如意象征和平女神护佑两岸人民。

石像采用花岗岩打造，石像高15米左右，由357块组合而成，石像底座高5米，正面采用青斗石雕刻四海龙王率二十四司朝拜妈祖，底座两侧雕刻二十四孝图。

石像共打造了两尊，另一尊安坐大陆湄洲天后宫岛上。

鹿港天后宫

　　鹿港天后宫位于台湾省彰化县鹿港镇，始建于清代，又名"兴化妈祖宫"或"圣母宫"。规模宏伟，富丽堂皇，与台南市的大天后宫、北港的朝天宫、新港的奉天宫并称为"四大妈祖"。

　　鹿港天后宫因所供奉的妈祖神像是1683年由福建水师提督靖海侯施琅从莆田湄洲天后宫恭迎到台湾的，是全省唯一由湄洲请来的神像，人称为"祖神"，故鹿港天后宫亦号称"祖庙"。

雕刻艺术精湛的三川殿盛景

　　鹿港天后宫位于台湾省彰化县鹿港镇，是台湾400多座妈祖庙之冠。鹿港天后宫旧祖宫由移居鹿港的福建兴化籍人捐资兴建，又名"兴化妈祖宫"。目前的天后宫庙是1936年重建的。

■ 鹿港天后宫内建筑

■ 鹿港天后宫正门

鹿港天后宫旧祖宫位于现址北侧。有关鹿港天后宫旧祖宫的创建年代，目前有许多不同的说法，但在1816年鹿港天后宫重修时所立的《重修鹿溪圣母宫碑记》中记录着：

　　　圣母宫……顾自创建迄今，百有余年……

此碑文即说明鹿港天后宫旧祖宫创建年代应在1716年之前。

后来，台湾中部移民日益增多，对于保佑航海平安的妈祖信仰日益虔诚，于是在1725年，施世榜献地迁建了妈祖庙，地方人士为了感念施世榜的善举，于天后宫右厢廊内供奉施世榜的长生禄位。

1814年，旧祖宫庙宇倾颓，屋椽墙垣剥落，泉、

施世榜 字文标，号澹亭，原籍晋江龙湖街口，后随父施秉移居晋江安海和台湾凤山。1679年，他当选为台湾凤山县拔贡，受任福建寿宁教谕，期满告归安海经营房地产。40岁其父去世，他赴台袭职凤山兵马司副指挥，从此定居台湾，为开发和建设台湾做出较大贡献。

■ 鹿港天后宫雕刻

同知　明清时期
官名。同知为知
府的副职，正五
品，因事而设，
每府设一二人，
无定员。同知负
责分掌地方盐、
粮、捕盗、江
防、海疆、河
工、水利以及清
理军籍、抚绥民
夷等事务。同知
办事衙署称
"厅"。另有知
州的副职称为州
同知，从六品，
无定员，分掌本
州内诸事务。

厦等八郊及地方士绅、船户铺户相继响应，捐资准备重修旧祖宫，并由日茂行林文浚及国子监学生施士简担任总理，招集工匠，准备材料，负责重修事宜。

自1814年9月开工至1815年3月完工。重修后的祖庙耳目一新。次年，地方士绅将此次重修的始末，镌刻"重修鹿溪圣母宫碑记"。碑文载有鹿港八郊的名称，分别为泉郊、厦郊、南郊、油郊、布郊、染郊、糖郊、郊，是目前文献上出现八郊名称最早的史料。

鹿港天后宫的这次重修后，地方人士相继组织妈祖会。1817年，林文浚与施士简带领八郊人士到湄洲祖庙谒祖进香。

1869年，鹿港天后宫面貌又呈现倾颓，墙垣剥落，鹿港同知孙寿铭及举人蔡德芳召集郊商士民倡议，准备重修鹿港旧祖宫，得到船户、铺户的响应和捐款。重修工程于1870年春开始。

此次重修，将旧庙全部拆除重建，扩大了庙宇的格局，将庙宇往北移2.4米左右，庙宇面宽增加将近1米，庙门依旧向西面对着海洋。整个工程历经4年，于1874年完成。

由于此次的重修，天后宫貌焕然一新，也大致形成了鹿港天后宫存留下来的格局，当时还邀请了泉州"西来园"的匠师雕刻妈祖圣像、千里眼与顺风耳供奉于庙中。

天后宫的建筑规模为三进二院的格局，分别为三川殿、正殿及后殿。当时的三川殿为三开间建筑，两旁有八字墙。

庙门是寺庙雕刻的重心，亦是寺庙对外的门面象征，所以三川殿作为前殿，其中的雕刻蕴含着建筑者很大的心血。

存留下来的三川殿为5开间建筑格局，两旁为八卦门，正门的空间则往内延伸，形成凹寿式的格局，营造出三川殿空间的层次美感。

三川殿前步口屋檐下方的牌楼斗栱，除了有横、纵两向斗栱外，另外增加斜栱出挑，形成有如网状的格子，称为"网目斗栱"，栱身为如意造

举人 是本谓被荐举之人。汉代取士，无考试之法，朝廷令郡国守相荐举贤才，因以"举人"称所举之人。唐、宋时有进士科，凡应科目经有司贡举者，通谓之举人。至明清时，则称乡试中试的人为举人。习惯上举人俗称为"老爷"，雅称则为孝廉。

■ 鹿港天后宫砖雕

型，又称"如意斗栱"。

在天后宫的三川殿还可看见螭虎栱。栱上的螭虎有的前瞻，有的回首，交替迭置，表现出匠师建构庙宇时的意象及巧思，并且其中不论是木雕、石雕还是彩绘，都蕴含着极其丰富的艺术价值。

三川殿内八卦藻井，也同样蕴含着丰富的建筑艺术价值。藻井是建筑物中最尊贵的做法，它的功能为隔断过高的空间，以保持室温及避免灰尘下落，藻井的做法能塑造室内富丽堂皇的效果。

三川殿内的八卦藻井是以斗栱层层出挑，齐集"顶心明镜"，即在天花板中间再覆以天花板。

■ 鹿港天后宫砖雕

在台湾与鹿港天后宫相似的藻井有很多，如新竹城隍庙和彰化南瑶宫，但以鹿港天后宫的藻井装饰最为精彩。

天后宫的藻井分为上下两层，底层呈八角形，在八角形每一边出二栱，每栱升四斗，以24组斗栱组砌而成，呈八卦形往内齐集，此层藻井的每一边都有八仙的人物造型与吊筒。在八仙人物的上方分别为"四爱"以及"渔、樵、耕、读"。"四爱"即是"茂叔爱莲""羲之爱鹅""渊明爱菊"和"和靖咏梅"。

藻井内层则以16组斗栱组砌，八角形的每一边出一栱，每栱再升二斗齐集顶心，并雕刻莲花于顶心明镜。整座藻井宛如蜘蛛结成的网状，所以匠师又称为"蜘蛛结网"。

藻井下方4个角落，各有4对狮座，狮座的造型表现出匠师不同的匠艺，有公狮戏球、母狮携子等各式表情，其中狮座还雕刻有八仙之铁拐李。

■ 鹿港天后宫藻井

位于八卦藻井"薄海蒙庥"匾上方，有一对"蟾蜍座"。在古代文人雅士以蟾宫为月宫的别称，科举高中又称"登蟾宫"。蟾蜍座有一只口衔菊花，比喻长寿吉祥；另一只口衔茶花，茶花为长春花，有"四季长春"之意。

"薄海蒙庥"匾为1830年鹿港理番同知王兰佩所书。"薄海"即指台湾海峡，早年先民从大陆渡海来台，需经过凶险的黑水沟，即台湾海峡，先民为了得到妈祖的庇佑平安抵台，对妈祖的信仰益加虔诚，并且清朝官方也献了匾额给鹿港天后宫，这些都为天后宫珍贵的文献资产。

八卦藻井的下方位于寿梁与柱子交角的地方，有四只"飞鱼"，其造型为龙头鱼尾，性好吐水，装饰在建筑物上，有防火灾的喻意。

石雕 造型艺术的一种。又称雕刻，是雕、刻、塑三种创制方法的总称。指用各种可塑材料或可雕、可刻的硬质材料，创造出具有一定空间的可视、可触的艺术形象，借以反映社会生活、表达艺术家的审美感受、审美情感、审美理想的艺术。石雕的历史可以追溯到距今一二十万年前的旧石器时代中期。从那时候起，石雕便一直沿传至今。

文人视此龙头鱼尾的造型为鳌鱼，所以又有"独占鳌头、科举高中"的含义，由于龙身雕有翅膀，所以人们又称之为"飞鱼"。

三川殿后步口明间处的通梁，分别有狮座及象座的斗座雕刻，上方并有"人生四畅"的木雕。

"人生四畅"象征着人生中四件舒畅的事情，分别为"伸腰""掏耳""捻鼻"和"搔背"。这些木雕雕刻得栩栩如生，匠师将人生百态呈现在庙宇的装饰艺术上，更为写实。

1913年，鹿港天后宫执事者自泉州聘请木雕匠师连来之子连咏川，来到鹿港修缮天后宫正殿妈祖圣像，并新雕刻大、小妈祖神像共计三十三尊。此次得到各界的捐款金额为一千六百八十六银圆，庙宇的屋顶也做局部的修缮。

1915年，鹿港天后宫请匠师施做三川殿外两侧的八字墙，由当时鹿港有名的泥水师傅"圆仔炎师"蔡添炎施做。由于台湾多雨，且天后宫坐向朝西而多日晒，遂在三川殿前增建一座屋顶，防止建筑物受风吹日晒雨淋。

阅读链接

鹿港天后宫前广场原为红砖地坪，后来，全省各地妈祖庙纷纷至鹿港天后宫进香，为了迎接庙宇的进香团，天后宫均在广场前搭起临时的牌楼，以示欢迎进香之意。

1973年由"同安寮厦十二庄"信士捐建天后宫庙前牌楼，牌楼顶上的斗栱及梁柱是以水泥铸模而成，燕尾式的庙宇飞檐起翘，曲线流畅。牌楼采四柱三间式建筑，牌楼梁柱原为朱红色，后来改漆为鎏金色，更显得庄严肃穆。

蕴含丰富历史题材的正殿浮雕

　　1926年，鹿港天后宫再次进行了重修，历时10年，至1936年完成全部工程。此次的重修，基本上已将正殿及三川殿全部拆除重建，唯有后殿未重修，仍为供奉玉皇大帝的凌霄宝殿。

　　此次重修是由正殿开始施做，正殿为重檐歇山式的建筑，殿宇面宽为三开间的格局。正殿前中间的御路石雕刻有牡丹和凤的装饰，两

■ 鹿港天后宫屋顶
建筑

八仙 是指民间
广为流传的道教
八位神仙。八仙
之名，明代以前
众说不一。有汉
代八仙、唐代八
仙、宋元八仙，
所列神仙各不相
同。至明吴元泰
《八仙出处东游
记》始定为：铁
拐李、汉钟离、
张果老、蓝采
和、何仙姑、吕
洞宾、韩湘子、
曹国舅。

人间天宫

非凡造诣的妈祖庙宇

侧露阶栏杆有莲花的造型，皆为青斗石材质。

在正殿前步口的位置，有一卷棚造型的木架构建筑，作为拜殿的空间，两旁并开有两个拱门连接有左右厢廊，在厢廊内供奉有境主公与注生娘娘。

正殿的石雕是以花鸟及三国演义故事为雕刻题材，采用内枝外叶的深浮雕工法雕刻而成的，内容有："空城计""苦肉计""张松献蜀图"和"马超战许褚"等。另外，两侧的石雕为"博古花卉"，雕工之精湛，展现石雕匠师的工艺。

正殿内栋架上的木雕，大多为潮州及泉州匠师所做，四点金柱上方的栋架为三通五瓜，为使正殿内屋顶更为高耸，位于通梁的下方以牌楼迭斗的方式增加高度，并兼具结构力学的用途。此种做法可见于旱溪乐成宫、彰化南瑶宫、彰化元清观等庙宇。

正殿神龛也是由泉州木雕师傅施做，当时也结合了温州、潮州及鹿港匠师共同参与。神龛的造型宛如一座寺庙，雕刻富丽堂皇。斗栱出檐，吊筒垂珠，神龛正上方书有"湄洲圣母"的牌匾，前方的龙柱雕刻并有八仙人物装饰其上，整座神龛更显得庄严肃穆。

神龛上方有清朝雍正皇帝所御赐"神昭海表"、乾隆皇帝御赐"佑济昭灵"及光绪皇帝御赐"与天同功"匾额，此3块御赐匾额的正中央都为皇帝所落款的印章。

"佑济昭灵"匾额原为鹿港官建妈祖庙所有，后来由当时鹿港镇长陈培煦请人将匾额送修后，改悬在了鹿港天后宫正殿。

在正殿神龛内，最大尊的妈祖圣像为天后宫重修时新雕塑的神像。此尊妈祖为土塑，为天后宫的"镇殿妈祖"。据说，鹿港天后宫正殿土塑的妈祖神像与

乾隆 清高宗爱新觉罗·弘历的年号，弘历是清朝第六位皇帝，定都北京后第四位皇帝。寓意"天道昌隆"。25岁登基，在位60年，在位期间文治武功兼修。他在发展清朝康乾盛世局面做出了重要贡献，确为一代有为之君。

■ 鹿港天后宫牌坊

人间天宫

非凡造诣的妈祖庙宇

龙 我国古代的神话与传说中，龙是一种神异动物，具有九种动物合而为一之九不像的形象，为兼备各种动物之所长的异类。传说其能显能隐，能细能巨，能短能长。上下数千年，龙一直是华夏民族的代表和中国的象征。龙的雏形在新石器时代晚期已萌芽。龙的形象古籍记述其形象多不一。

台南大天后宫正殿神像为同一派匠师的作品。

　　鹿港天后宫正殿两旁，有两组千里眼与顺风耳神像，分别位于正殿神龛前及前步口两侧拱门旁。千里眼手执戟，眼观四路，顺风耳手持斧钺，耳听八方。

　　他们青面獠牙的造型，有着驱邪止煞的意味。此千里眼、顺风耳神像姿态与神韵，极为优雅，为神像雕刻的经典之作。

　　鹿港天后宫的妈祖不但神灵显赫，香火鼎盛，更因庙宇年代久远规模宏伟而闻名遐迩，庙中陈列的珍贵史料及宗教文物，更是令中外人士叹为观止。

　　如前清皇帝的御笔匾额，文武官员的献匾，古代碑记及祖庙赠与本宫的"大灵符"和"圣母宝玺"均是台湾绝无仅有之文物。

　　除此以外，在鹿港天后宫还有三对龙柱石雕，分别位于三川殿、正殿及后殿。

　　三川殿的龙柱雕刻，其造型为单龙盘柱，多镂空

■ 鹿港天后宫内景

雕，四爪握珠之造形，柱上装饰有虾、螃蟹、鱼、鳌鱼、八仙及封神榜人物。

■ 鹿港天后宫木刻

龙柱层层迭置，内枝外叶，雕琢华丽，为免龙柱遭攀爬破坏，庙方于柱外加装铁笼，用以保护精致的雕刻。此对龙柱为青斗石刻，八角柱身的龙柱，柱身长2.5米，直径36厘米，为台中市树仔脚林姓家族所敬献。

正殿的龙柱不论造型、材质、雕工、装饰与三川殿的龙柱有其异曲同工之妙，均出自同一石雕匠派之工法。龙柱的造型为单龙盘柱，龙口呈八字型，四爪握珠并托住下巴，龙柱上装饰有老子、封神榜人物、战马等。

此龙柱柱身为八角形，柱身长2.8米左右，柱珠为青斗石刻，其上装饰有鱼、虾、乌龟、螃蟹、等水族及八骏马。

后殿的龙柱为单龙盘柱，五爪握珠，口含珠并露

封神榜《封神演义》，俗称《封神榜》，中国神魔小说，为明代陈仲琳所作，约成书于隆庆、万历年间。全书共100回。以姜子牙辅佐周室讨伐商纣的历史为背景，描写了阐教、截教诸仙斗智斗勇、破阵斩将封神的故事。

■ 鹿港天后宫庙会

出两颗上门牙，柱身长2.7米左右，直径32厘米。除有云纹、岩石外，石柱的背面雕有凤、凰、麒、麟等四种吉祥动物，依龙柱的造型与工法，此龙柱应为咸丰年间作品。

台湾的龙柱甚少有五爪造型，鹿港天后宫后殿因供奉玉皇大帝，在民间信仰中玉帝乃有至尊无上的地位，所以龙柱采以五爪龙柱造型。

在三川殿的后步口有一对特别的花鸟柱。此对花鸟柱柱上有数十只喜鹊飞上枝头，装饰有象征富贵的牡丹花，每柱有凤凰造型，有"鸾凤和鸣，百花齐放"的气势。花鸟柱的柱珠为青斗石刻，其装饰有虾、螃蟹、麒麟、花鸟等造型。

阅读链接

在鹿港天后宫还有一尊从湄洲请来的妈祖。它的造型端庄素雅，手持如意，为泉州风格的神像雕塑。这尊妈祖像因香火鼎盛，香烟袅袅，使妈祖圣像熏染成黑色，又称"黑面妈"。

在天后宫重修所撰的序文中提到："鹿港圣母之宝像，乃是康熙二十二年施靖海将军之戎幕僚蓝理，同湄洲之僧恭请而来，俾鹿崇祀，至雍正三年始建此天后宫。"